Michael Lemke

Das Bundesland Brandenburg

ISSN 0941-2034

Länder und Menschen

Michael Lemke

DAS BUNDESLAND BRANDENBURG

Landschaft, Geschichte, Gegenwart

dadder

Die Deutsche Bibliothek - CIP-Einheitsaufnahme

Lemke, Michael:
Das Bundesland Brandenburg : Landschaft, Geschichte,
Gegenwart / Michael Lemke. - Saarbrücken-Scheidt : Dadder,
1992

   (Länder und Menschen ; 1)
   ISBN 3-926406-64-X

NE: GT

©1992 by Verlag Rita Dadder
Scheidter Straße 5A, D-6601 Saarbrücken-Scheidt
Umschlaggestaltung und Titelsatz: CEK-Design,
Cathrine Edlinger-Kunze, Saarbrücken
Druck: arco-druck gmbh, Hallstadt

ISBN 3-926406-64-X

Inhaltsverzeichnis

	Seite
Vorwort	7
Das Land Brandenburg: Natur und Landschaft	11
Das Land Brandenburg in der Geschichte	27
Das Dorf und die Städte	57
Erlebenswert: Brandenburgische Klöster und Schlösser außerhalb der Städte	112
Brandenburg: Kulturelles	121
Die Wirtschaft des Landes Brandenburg	128
Brandenburg: Politische Strukturen	140
Etwas über die Brandenburger	146
Über den Autor	152

Vorwort

Das Land Brandenburg ist zusammen mit den vier anderen neuen Bundesländern am 3. Oktober 1990 Mitglied der Bundesrepublik Deutschland geworden. Damit ist es nach mehr als 40 Jahren der Spaltung wieder Teil eines einheitlichen Ganzen.

Trotz langer Jahrzehnte der zentralgeleiteten kommunistischen Parteidiktatur, die alles erstickt zu haben schien, was als föderalistische Tradition in Deutschland über Jahrhunderte entstanden und gewachsen war, ist die bundesstaatliche Idee wie Phönix aus der Asche und für viele überraschend schnell auferstanden. Hier mußte nicht künstlich wiederbelebt werden, was offensichtlich im Fühlen und Denken der Deutschen östlich von Werra und Elbe stärker verankert war, als die gescheiterte Führung einer gescheiterten Staatspartei angenommen hatte.

Die Kraft von Geschichte und Tradition in Verbindung mit dem Willen der Ostdeutschen zu Freiheit und Demokratie hatte sich letztendlich als stärker erwiesen, hatte zu einer in der deutschen Geschichte nicht eben häufigen Sternstunde geführt, in welcher der in jeder Hinsicht strapazierte und mitunter fadenscheinig gewordene Mantel der Geschichte durch Deutschland wehte. Auch die Menschen in Brandenburg haben ihn und damit die sich bietende Chance ergriffen, als Teil eines größeren Vaterlandes eine menschenwürdige Zukunft zu gestalten, als Gleiche unter Gleichen an der Gestaltung einer Heimat teilzuhaben, die Mark Brandenburg und Deutschland zugleich ist, die im Innern und nach außen nur ein Volk kennt, das der guten Nachbarn. Und hat dieses Brandenburg nach dem Wegfall des leidvollen Ost-West-Konfliktes und auf

Grund seiner geographischen Lage nicht die Aufgabe, Mittler zu sein zwischen West und Ost? Sind seine Brücken über Elbe und Oder nicht, wie schon im Mittelalter, europäische Bauwerke?

Das Land Brandenburg wird mithelfen, die Staaten Europas näherzubringen, die Völker zu verbinden und - selbst von unfriedlicher Vergangenheit schwer gezeichnet - alles tun, die der Region zugefügten Wunden vernarben zu lassen.

Das Land Brandenburg ist vielen deutschen Landsleuten, vor allem denen in Westdeutschland, noch weitgehend unbekannt. Das liegt in der Natur der Dinge. Das vorliegende Kapitel über das Land Brandenburg ist Teil einer Darstellung der fünf neuen Bundesländer. Es erzählt von einem Gebiet, das in allen seinen Eigenheiten unverwechselbar ist, das sich seine historische und kulturelle Identität über alle Widrigkeiten hinweg bewahrt hat und auf dem Wege ist, sein Ich, in dem sich die große Geschichte in der lokalen Historie widerspiegelt, in die gemeinsame deutsche Kulturlandschaft einzubringen. Im Vordergrund des Berichtes wird die Geschichtlichkeit von Land und Leuten stehen. Denn nur sie kann bündig die Frage nach dem Woher und Wohin dieses Brandenburg beantworten. Und natürlich werden dabei die Sehenswürdigkeiten, das nachvollziehbare Einmalige, zu Wort kommen, die Landschaft, die Kultur, die Kunst.

Heute, am Ende des Jahres 1991, ist alles im Land in einem tiefgreifenden Umbruch begriffen. Und von einem Schwimmer, der das eine Ufer weit hinter sich gelassen, das neue aber noch nicht erreicht hat, ist definitiv lediglich über die - nomen est omen - *gewählte* Richtung auszusagen und daß er eben in Bewegung ist. So lassen sich von Brandenburg gültige Aussagen über Wirtschaft und Soziales, über Verwaltung und Justiz u. a. m. nicht - noch nicht - treffen. Auch die Statistik hinkt den Ereignissen hinterher. Alles ist im Werden und niemand weiß exakt, was eigentlich schon ist, was bleiben wird und wie das alles in fünf, sechs oder zehn Jahren aussehen mag. Dies erscheint so eigentlich nicht als Manko, hat vielleicht sogar den Reiz, etwas historisch Einmaliges beschreiben zu können, eine Übergangssituation, die sowohl die eine als auch die andere Möglichkeit offenhält. Im übrigen neigt der geborene "Kurmärker" nach 40 Jahren DDR nicht mehr zur Auffassung, daß geduldige Wirtschaftsstatistiken über Land und Leute einer Region am besten Auskunft geben können. Und so steckt in einer Erzählung über das Land Brandenburg immer die Aufforderung, sich selbst aufzumachen und es, seinem großen Dichter Theodor Fontane gleich, zu erwandern, unter Benutzung zeitgemäßer Hilfsmittel. Brandenburg ist zu jeder Jahreszeit für jeden ein Erlebnis, der Erleben mit Oberflächen-Tourismus nicht gleichsetzt. Man muß sich Zeit nehmen und die Muße haben und an Fontane erinnert sein. Der schrieb schon im heißen August des Jahres 1864:

"Wer in die Mark reisen will, der muß zunächst Liebe zu 'Land und Leuten' mitbringen, mindestens keine Voreingenommenheit ... Der Reisende in der Mark muß sich ferner mit einer feineren Art von Natur- und Landschaftssinn ausgerüstet fühlen ... Wenn du reisen willst, muß du die Geschichte dieses Landes kennen und lieben ... Du mußt nicht allzusehr durch den Komfort der 'großen Touren' verwöhnt und verweichlicht sein ... und letztens: Wenn du das Wagstück wagen willst -, füll deinen Beutel mit Geld! Reisen in der Mark ist alles andere eher als billig. Glaube nicht, weil du die Preise kennst, die Sprache sprichst und sicher bist vor Kellner und Vetturinen, daß du sparen kannst ... Hast du nun aber alle diese Punkte reiflich erwogen, hast du, wie die Engländer sagen, 'deine Seele fertig gemacht' und bist du zu dem Resultate gekommen: 'ich kann es wagen', nun denn, so wag' es getrost. Wag' es und du wirst es nicht bereuen. Eigentümliche Freuden und Genüsse werden dich begleiten. Du wirst Entdeckungen machen, denn überall wohin du kommst, wirst du, vom Touristenstandpunkt aus, eintreten wie in 'jungfräuliches Land' ... ."

Das Land Brandenburg:
Natur und Landschaft

Das heutige Brandenburg umfaßt 29.059 km². Mit 26,8 % der Landesfläche der ehemaligen DDR ist es das größte neue Bundesland, obgleich sein Anteil am Territorium der Bundesrepublik nur 8,1 % beträgt. Das Land Brandenburg gehört geographisch zur norddeutschen Tiefebene, deren Merkmale - auf den ersten Blick - Sand, Wasser und Wälder sind. In der Tat wird die flache, stellenweise durch eiszeitliche Hügelbildungen unterbrochene Landschaft der Mark von ausgedehnten Waldgebieten, vielen Seen, einer Reihe von Flüssen und vielen Kanälen geprägt. Der typische Baum des grünen Landes ist die Kiefer, während - z. T. noch aus der Zeit ursprünglicher Bewaldung stammend - Eichen und Buchen in bestimmten, zumeist kleineren Gebieten vorherrschen oder aber mit Nadelbeständen vermischt sind. Charakteristisch für weite Teile der Mark ist die harmonische Verbindung von Wäldern, Wiesen, Äckern und Seen, die - in welcher Art sie auch immer kombiniert sein mögen - dem Lande etwas Unverwechselbares, eben das "Märkische", verleihen. Dazu gehören freilich auch die aus dieser Landschaft über Jahrhunderte herausgewachsenen Städte und Dörfer, auch die mit vielen Gesichtern zum einheitlichen Ganzen beitragend, in sich unterschiedlich und doch eine Einheit bildend. Die von Elbe und Oder, von Havel und Spree durchzogene, ehemalige Kurmark ist entsprechend der verwaltungsmäßigen Neugliederung Preußens im Jahre 1815 territorial gegliedert:

Die Mittelmark, zu der im eigentlichen auch Berlin gehört, ist größter Bestandteil und Kern des Landes. Zu ihr gehören das Havelland mit der alten Stadt Brandenburg, das Land Ruppin mit den von vielen Seen umgebenen Städten Neuruppin, Lindow und Rheinsberg, aber auch der niedere und obere Barnim mit den Städten Bernau und Bad Freienwalde, ferner die südlich Brandenburgs liegende Zauche mit dem Zisterzienserkloster Lehnin und das Land Beeskow-Storkow. Den nördlichsten Teil der Mark bildet die Uckermark, die Kreise Prenzlau, Templin und Angermünde umfassend, den östlichsten das Land Lebus mit Frankfurt an der Oder und Fürstenwalde, aus dem alten Bistum Lebus hervorgegangen. Zu Lebus gehört auch der größte Teil des landschaftlich eigenartigen Oderbruchs. Im Süden schließt sich - im wesentlichen identisch mit dem ehemaligen Bezirk Cottbus - die Niederlausitz mit Städten wie Luckau, Lübben, Guben, Forst, Spremberg, Senftenberg und Calau an. Im Nordwesten der Mark, östlich der Elbe und nördlich der Havel, liegt, zwischen den Flüßchen Elbe und Dosse eingebettet, die auch Vormark genannte Priegnitz mit ihrem Hauptort Perleberg, aus der Verschmelzung einer Reihe lehnsunabhängiger kleiner Territorialherrschaften entstanden.

Am Ende des Tertiärs, etwa vor einer Million Jahren, war das Gebiet der heutigen Mark Brandenburg von einem sich aus dem Norden vorschiebenden Eispanzer, der eine Stärke von etwa 2000 m besaß, bedeckt worden. Dieses mächtige, sogenannte pleistozäne Inlandeis war über Jahrtausende hinweg tätig. Die durch Wärme- und Kälteperioden bedingten Rückzüge bzw. Vorstöße des mächtigen Eises, Bewegung unter ungeheurem Druck, schufen die heutige Oberflächenstruktur des Landes. Im norddeutschen Raum gab es drei großräumige Perioden der Vereisung, die Elster-, die Saale- und die Weichselvereisung. Entscheidend für die topographische Gestaltung der Mark waren ungleichmäßige, letzte Vorstoß- und Abschmelzperioden des Inlandeises vor etwa 10.000 Jahren. Der viele Jahrhunderte währende Schmelzprozeß, immer wieder durch Stillstand und neue Gefrierperioden unterbrochen, schürfte tiefe Talfurchen, durch welche die freiwerdenden Wasser als Urströme dem Meere zuflossen. Kamen die Eisberge zum Stehen, so entstanden durch mineralische Ablagerungen die für die Mark so typischen Endmoränenzüge. Schmelzwasser bildeten vor den Moränen sogenannte Sander aus, flache Schwemmkegel, die das geübte Auge noch heute erkennen kann, Aufschüttungen aus geschichteten Sanden und Kiesel.

Allmählich versandeten die Talfurchen, und es bildete sich durch die Durchbrüche der Oder und der Elbe das heutige Flußnetz heraus. Den drei für die Mark bedeutenden Urstromtälern (Berlin-Warschauer, Baruther und Thorn-Eberswalder) standen stark gegliederte Hochflächen gegenüber, so Barnim und Teltow, Zauche, Ruppiner und Lebuser Hochebene und einige weitere kleinere Moränenplatten. Dennoch blieben die Höhenunterschiede im ganzen gering, die größte der märkischen Platten, der Barnim, der im Osten zum Oderbruch abfällt, erreicht lediglich 150 m ü. d. M., die die Urstromtäler querenden Wasserscheiden sind niedrig, und so löst sich für das Auge der Gegensatz von "Berg und Tal" unter Einbezug sanfter Übergänge in eine märkische Harmonie auf. Im Havelland und im Rhinluch, dort, wo die drei Urstromtäler, eine weite Tiefebene bildend, verschmelzen, treten die Hochplatten weitgehend zurück, so daß die Niederung über viele Quadratkilometer das Gesicht der Landschaft prägt.

Charakteristisch für weite Gebiete des Landes, vor allem der Mittel- und der Uckermark und des Landes Lebus, ist sein Wasser- und Seenreichtum. Berlin, Potsdam, Brandenburg, aber auch Prenzlau, Templin, Eberswalde und andere Städte sind von großen Gewässern umgeben.

Dutzende von kleinen und großen Seen, einige davon durch Kanäle verbunden, verleihen der Märkischen Tiefebene den Charakter einer Landschaft von Ufern. Der märkische See verdankt seinen Reiz seiner Lage inmitten von Wäldern, Wiesen und Feldern. Eine Reihe von größeren Seen wie der Scharmützel-, der Teupitzer, der Wolziger, Selchower und Schwieloch-See im Süden und Südosten von Berlin, der Werbellin-, Grimnitz-, Parsteiner, der Ober- und Unteruecker-See nördlich der Hauptstadt, für sich alle einige Quadratkilometer groß und z. T. sehr tief (Werbellinsee z. B. 7,9 km², bis 54 m Tiefe; größter der brandenburgischen Seen ist mit 13,8 km² der Scharmützelsee) gehören zu den bekannteren märkischen Seen. Doch gibt es ihrer 3000, und die inmitten dichter Nadel- und Laubwälder gelegenen kleinen und mittelgroßen Seen gehören vielleicht zu den noch reizvolleren des Landes. Die Seen um die Städte Straußberg und Bernau herum, hier u. a. der glasklare Liepnitzsee, der in einer eiszeitlichen Rinne malerisch gelegene Bötz-, aber auch der Gamensee gehören als tiefe stille Waldseen, in denen sich die Farbe der Wälder widerspiegelt, mit bester Wasserqualität zu den Perlen der Mark. Berühmt nicht zuletzt durch Theodor Fontanes gleichnamigen Altersroman ist der Große Stechlin geworden, der schönste See in der wasserreichen Rheinsberger Umgebung. In der Nordostekke der Grafschaft Ruppin, im Menzer Forst, dem malerischsten Teil der sanfthügeligen "Ruppiner Schweiz" gelegen, bietet der Sagenumwobene auch heute Stoff für die Phantasie. *"Da lag er vor uns, der buchtenreiche See, geheimnisvoll"*, läßt Fontane einen Fischer berichten:

"Als das Lissaboner Erdbeben war (1755 - M. L.), waren hier Strudel und Trichter und stäubende Wasserhosen tanzten zwischen den Ufern hin. Er geht 400 Fuß (ca. 125 m - M. L.) tief und an mehr als einer Stelle findet das Senkblei keinen Grund ... . Die Fischer, selbstverständlich, kennen ihn am besten. Hier dürfen sie das Netz ziehen und an seiner Oberfläche bleibt alles klar und heiter, aber zehn Schritte weiter will er's nicht haben, aus bloßem Eigensinn, und sein Antlitz runzelt und verdunkelt sich und ein Murren klingt herauf. Dann ist es Zeit, ihn zu meiden und das Ufer aufzusuchen. Ist aber ein Waghals im Boot, der's ertrotzen will, so gibts ein Unglück, und der Hahn steigt herauf, rot und zornig, der Hahn, der unten auf dem Grunde des Stechlin sitzt und schlägt den See mit seinen Flügeln, bis er schäumt und wogt und greift das Boot an und kreischt und kräht, daß es die ganze Menzer Forst durchhallt von Dagow bis Roofen und bis Alt-Globsow hin."

Zur Landschaftsstruktur der Mark gehören neben den schon genannten großen Flüssen und den Flüßchen (Rhin, Finow, Stepenitz, Schlaube u. a.) eine Reihe von Kanälen, die - obwohl künstliche Wasserstraßen - zur Natur geworden und den Charakter des alten Landes als wasserreiches mitbestimmend sind.

Geringe Höhenunterschiede und ein stark verzweigtes natürliches Gewässernetz boten dem Bau von Wasserstraßen ein nahezu ideales Gelände. Der erste, Havel und Oder verbindende Finowkanal war bereits 1603 geplant, vom brandenburgischen Kurfürsten Joachim Friedrich im gleichen Jahr genehmigt und 1605 begonnen worden. 1620 wurde er fertiggestellt, genügte aber den Anforderungen nicht und verfiel. Ein zweiter, größerer Finowkanal mit zehn Schleusen, dessen Bau von König Friedrich II. besonders gefördert wurde, entstand zwischen 1743 und 1746. Es wurde für die Schiffahrt, mehr aber noch zur Melioration des Oderbruches, ein 21 km langer Oderkanal gebaut, der den Flußlauf um vieles verkürzte. In der ersten Hälfte des 19. Jahrhunderts entstanden eine Reihe kleinerer Verbindungskanäle. Der Voßkanal verband die sogenannte Schnelle Havel mit dem Finowkanal, der Malzer Kanal und der Oranienburger Kanal, eigentlich Umgehungswege, ersetzten den für die Schiffahrt schwierigen Havellauf. Der erste Spatenstich für ein großes Kanalprojekt, einem Oder und Havel verbindenden 135 km langen "Großschiffahrtsweg", erfolgte im September 1906; der bis dahin einmalige Kanalbau wurde im Juni 1914 dem Verkehr übergeben. Da sich verschiedene Schleusen des Großschiffahrtsweges als zu störanfällig erwiesen, begann 1925 der Bau eines bereits zwanzig Jahre vorher geplanten Projekts: das Schiffshebewerk Niederfinow.

Bis 1934 entstand ein noch heute bewundernswertes technisches Meisterwerk. Das 60 m hohe, 94 m lange und 27 m breite Stahlgerüst des Hebewerkes, das 36 m Niveauunterschied überbrückt, ist zu einem Wahrzeichen Brandenburgs geworden.

Schon 1662, unter dem Großen Kurfürsten Friedrich Wilhelm von Brandenburg, begannen die 1669 vollendeten Arbeiten zu einem 22,6 km langen und 3,77 m breiten Oder-Spree-Kanal, dem Friedrich-Wilhelm-Kanal. Ein neuer, leistungsfähigerer Kanal von 130 km Länge folgte diesem in den Jahren von 1887 bis 1890. Auch zwischen Elbe und Havel wurde eine Verbindung geschaffen: Der Plauer Kanal, zwischen 1743 und 1745 in einer Länge von 32,6 km in die märkische Erde gegraben, verkürzte die Schiffahrtswege von Magdeburg nach Berlin um etwa 150 km. In den Jahren 1865 bis 1872 wurde mit dem Bau des Ihlekanals, der die Stadt Burg an den Wasserweg anschloß, eine weitere Wasserstraße zwischen Plauer See und Magdeburg geschaffen und somit die Transportkapazität zu Wasser bedeutend erweitert. Der Plauer/Ihlow-Kanal, insgesamt 65 km lang, erfuhr als Elbe-Havel-Kanal in den folgenden Jahren beträchtliche Erweiterungen. Sein Ausbau als ein Teil des Ems, Weser und Elbe verbindenden Mittellandkanals bis Plaue blieb bis heute unvollendet. Die Mark Brandenburg besitzt im weiteren eine Reihe kleinerer Nebenwasserstraßen, die ebenfalls dem Gütertransport dienen. Sie haben sich über viele Jahre für Handel und Wandel bewährt. Es soll nicht übersehen werden, daß ein besonderes Kanalsystem (u. a. Teltowkanal) Berlin an das märkische Wasserstraßensystem anschließt.

Neben den natürlichen und künstlichen Wasserwegen, die die Mark durchädern, haben verschiedene sumpfige Niederungsgebiete das Antlitz des Landes, aber auch sein Mikroklima mitgeprägt. Größere sogenannter Brüche und Lüche sind Havelländisches Luch, Rhinluch, Spreewald und Oderbruch. Eine Reihe anderer kleinerer Sumpfgebiete ist in der Vergangenheit trockengelegt worden, was zwar zur Gewinnung von landwirtschaftlich genutztem Land, aber auch zur Vernichtung einer besonderen Flora und Fauna beitrug. Zu einem Teil - so z. B. im Rhinluch - wurde im 19. Jahrhundert zur Versorgung Berlins mit Brennstoffen in den moorigen Niederungsgebieten Torf gestochen. Dies machte die dörfliche Bevölkerung im

Umkreis der Abbaustätten wohlhabend; die großen Kirchen u. a. von Fehrbellin und Langen im Kreise Neuruppin zeugen vom Wert dieser Einnahmequelle.

Das bedeutendste Niederungsgebiet der Mark ist der von Sorben kultivierte, 175 km² große Spreewald. Ein Prospekt "Der Spreewald" von 1936 fabuliert:

"Hier ist das Wunderland ..., das ... - dem rasenden Tempo der heutigen Zeit entrückt - einer verwunschenen Insel im brandenden Meere gleicht, auf der die Zeiger der Uhr rückwärts gehen, zu glücklichen Tagen der Vergangenheit."

Spreewälder Ammen, Gurken und Kähne sind immer noch sprichwörtlich, und die idyllische Kanallandschaft - sie wird jährlich von einer Million Touristen besucht - hat an Schönheit wenig eingebüßt. Doch ist dieses Spreegebiet eben nicht nur die reine Idylle. Die kleinen Felder und Wiesen, von Kanälen umschlossen, fordern ihren Besitzern harte Arbeit ab. Die Nutzflächen wurden durch im Winter künstlich erzeugtes Hochwasser mit den notwendigen Nährstoffen versorgt. Die Zeiten der unbändigen Naturgewalten allerdings sind vorbei. Die Chronik meldet bereits für 1312 bis 1315 verheerende Überschwemmungen des alten Kulturlandes, es folgen noch viele derartige Katastrophen. Noch 1941 brechen - letztmalig - die Dämme.

Die Männer der Deichwehr sind im Krieg. Das Städtchen Burg ist drei lange Wochen von der Außenwelt abgeschnitten. Von 1953 bis 1973 erfolgen dann wirksame Sicherungsmaßnahmen: Umflutkanäle, Talsperren und Staubecken werden errichtet, am Rande des Spreewaldes wird melioriert. Man will freilich auch größere zusammenhängende Ackerflächen schaffen, die mit Großmaschinen bewirtschaftet werden können. Das schafft Probleme, für die Natur mehr noch als für den eigensüchtigen Menschen.

Der Spreewald ist reich an Sagen und Legenden. Da gehen die Lutki umher in ihren roten Wämsern und Purpur-Mützchen, Kobolden ähnlich, den armen Leuten helfende Zwerggestalten, Feinde von Unrecht und Obrigkeit. Seit alters her leben sie unter dem dichten Laub der über 200 Spreewaldfließe. Wo bleiben die kleinen Ureinwohner, wenn der Mensch so "kultiviert", daß mit der Natur auch gleichzeitig das Reich der Fabel verschwinden muß? In der brandenburgischen Niederlausitz leben rund 50.000 slawische Sorben, zu denen die Lusižer (Luzica = Sumpfland) gehören. Ihre einmalige Kultur zu erhalten und Traditionen zu pflegen, ist nicht nur die Aufgabe des neuen Brandenburg, sondern zivilisatorische Pflicht aller, die Deutschland Heimat nennen.

Bleiben wir noch im ehemaligen Bezirk Cottbus, dem nach dem Bezirk Potsdam waldreichsten Bezirk der ehemaligen DDR. Im Unterschied zu anderen Teilen Brandenburgs - sieht man einmal von dem knapp 13 km² großen Senftenberger See und einigen anderen künstlichen Wasserspeichern ab - ist die ebene Landschaft nicht eben seenreich. Ein 250 Hektar großes Naturschutzgebiet auf einer Insel im Senftenberger See, die aus dem Abraum der Braunkohlenförderung besteht, bietet eine üppige Pflanzen- und Tierwelt. Hier brüten 60 Vogelarten. Das Beispiel zeigt einerseits, wie stark der Braunkohleabbau in die Oberfläche der Niederlausitz eingegriffen hat, aber auch andererseits die Möglichkeit, die der Erde zugefügten Wunden zu heilen und Natur sinnvoll neu entstehen zu lassen.

Westlich der Niederlausitz, um Treuenbrietzen, Brück und Niemegk herum, liegt der Fläming, eines der typischen Endmoränengebiete der Eiszeit. Bis zu 200 m ü. d. M. steigt das sanfte Hügelland, das freilich auch weite Ebenen kennt, an manchen Stellen an. Seinen Namen hat das Gebiet von flämischen Kolonisten, die sich bereits im 12. Jahrhundert unter der Herrschaft und mit aktiver Förderung des Markgrafen von Brandenburg, Albrecht "dem Bären", aus dem Hause Askanien hier ansiedelten. Der Fläming strahlt Ruhe und Frieden aus.

Seine weiten Kiefernwälder, die oft mit ausgedehnten Roggenfeldern abwechseln, laden zum Wandern, aber auch zum Radeln ein. Eine landschaftliche Besonderheit ist hier zu entdecken: in der Eiszeit entstandene, zumeist oberhalb von Quellen endende Trockentäler, Rummeln genannt.

Beim Städtchen Belzig, das eine sehenswerte Burg (Eisenhardt) besitzt, gelangt man in den Hohen Fläming, eine Hochlandplatte, die z. T. mit altem Laubwald bestanden ist.

Eine Streiftour durch die Landschaften Brandenburgs kann nicht alle Gegenden erfassen. Wer eine weite Fluß- und Wiesenlandschaft liebt und auf Tourismus verzichten kann, wird sich im stillen Havelland wohlfühlen. Potsdam und Umgebung, der Schwielowsee, Glindow, das Ländchen Friesack, aber auch die Gegend um Brandenburg und Rathenow mit ihren malerisch gelegenen Haveldörfern laden zum Verweilen im Grün satter Wiesen ein.

"Und dieses Teppichs blühenden Saum All die lockenden Dörfer, ich zähle sie kaum: Linow, Lindow, Beetz und Gatow, Dreetz und Flatow, Bamme, Damme, Kriele, Krielow, Petzow, Retzow, Ferch am Schwielow, Zachow, Wachow und Groß-Bänitz, Marquardt-Ütz an Wublitz-Schlänitz, Senzke, Lenzke und Marzahne, Lietzow, Tietzow und Rekahne, Und zum Schluß in dem leuchtenden Kranz: Ketzin, Ketzür und Vehlefanz,"

begeisterte sich einst Fontane. Zu Recht.

Zu den landschaftlich schönsten Gebieten der alten Mark gehören zweifellos die Gebiete um Eberswalde und Chorin, im Osten durch den Parsteiner See, im Westen vom Werbellinsee, im Süden vom Eberswalder Urstromtal begrenzt. Zwischen der unteren Oder, der oberen Havel, der Barnimhochfläche und dem Ueckerbecken (im Norden) dehnt sich auf engem Raum ein in der Oberflächengestalt und ein an Gewässern außergewöhnlich abwechslungsreiches Gebiet aus. Idyllische Seen, ein weitverzweigtes, immer neue Überraschungen bietendes Gewässernetz, zahlreiche, in sich geschlossene Hohlformen (Kessel) und stark gegliederte Oberflächenformen lassen den Fachmann erkennen, daß dieser Raum seine heutige Landschaftsgestalt der Eiszeit, exakt dem weichselkaltzeitlichen Inlandeis und dessen Schmelzwassern vor etwa 16000 Jahren verdankt.

Das häufig kuppige Grundmoränengelände, dessen zwei große Becken, Grimnitz- und Parsteiner-See, von großer Tiefe sind, erreicht nordwestlich von Schmargendorf 138,3 m u. d. M. Kennzeichnend für diese Landschaft sind ausgedehnte alte Buchenwälder, aber auch Eichenbestände am Ostufer des Werbellinsees und dunkle Kiefernwälder. Am Rand des Grimnitz-Sees stehen Erlenwälder, an verschiedenen Stellen gibt es Kombinationen von Erlen und Eschen und von Eichen und Hainbuchen. Eine Anzahl von Hochmooren sind z. T. mit Kiefern und Birken bestanden oder sind baumfrei. Hier kommen viel Licht benötigende Pflanzengesellschaften vor wie Blasenbinsensumpf, Schnabelriedsumpf, Fadenseggen- und Schlammseggensümpfe sowie Torfmoos-Bultgesellschaften und seltene Bestände des Scheidigen Wollgrases. An den Ufern der zahlreichen kleinen, fließenden Gewässer wächst das Glanzgrasröhricht. Das Gebiet ist vor allem reich an Wasserpflanzen. In den stillen Gewässern gedeihen Wasserschlauch- und Froschbißgesellschaften, aber auch - weit verbreitet - Laichkraut und Seerosen, Schilfröhricht und - am Südufer des malerischen Parsteiner Sees - das nicht mehr häufig anzutreffende Schneidenried. Große Teile des Gebietes, in dem sich auch interessante, selten gewordene Ödland- und Trockenrasen, aber auch Grünlandvegetation, u. a. Pfeifengraswiesen, finden, sind landschafts- und naturgeschützt.

In westlicher Nachbarschaft des Eberswalder-Choriner Gebietes jenseits des Werbellinsees breitet sich über 400 km^2 die wunderbare Schorfheide aus. Am schönsten und landschaftlich abwechslungsreichsten ist der östliche und südöstliche Teil der

Heide, in der gerade in der Nähe des Werbellinsees mehrhundertjährige Eichen, aber auch alte Buchen- und andere Laubwaldbestände zu finden sind. Die Schorfheide - seit Jahrhunderten ein Jagdgebiet - ist besonders reich an Wild. Wanderungen in dieser Landschaft, in denen es zahlreiche kleine Tümpel und Teiche, aber auch Seen (Großer und kleiner Döllnsee, großer und kleiner Pinnowsee, Wucker-See u. a. m.) gibt, sind in jeder Jahreszeit ein Erlebnis. Die Landschaft ist so schön, daß nicht nur brandenburg-preußische Potentaten, sondern auch die zweifelhaften Größen der Naziära ihren Wohnsitz (Hermann Göring in "Karinhall" am Döllnsee) oder doch, wie der Generalsekretär der SED, Honecker (im Schloß Hubertusstock), ihren "Jagdsitz" nahmen. Vieles in der Schorfheide erscheint dennoch unberührt, und es ist zu hoffen, daß der moderne Massentourismus nicht in wenigen Jahren zerstört, was in Jahrhunderten geworden und gewachsen ist.

Auch oder gerade die kleinen, berlinnahen See- und Waldgebiete der Kreise Oranienburg, Bernau und Straußberg gehören zu den landschaftlichen Pretiosen der Mark. Fast "exotisch" mutet die Märkische Schweiz, die ebenfalls Landschaftsschutzgebiet ist, an. Sie stellt eine für das "flache Land" durchaus ungewöhnliche bewaldete Hügel- und Kessellandschaft zwischen zwei eiszeitlichen Hochebenen dar, der Barnimplatte im Westen und der Lebusplatte im Osten, in deren Zentrum die reizvolle, über 700 Jahre alte Stadt Buckow liegt. Die Gegend um diese idyllische Kleinstadt erhält ihren Charme durch Hügel und Täler mit für märkische Verhältnisse auffällig steilen Hügeln und tiefen Kesseln. Auch hier war die Eiszeit gestaltschöpfend. Ausschmelzende verschüttete Resteismassen schufen große Talkessel, die in der Stadt und am malerischen Schermützelsee liegen, auf den man von der Bollersdorfer Höhe (129 m ü. M.) blicken kann. Fontane bemerkte seinerzeit, daß hier alles "den mitteldeutschen Charakter" habe.

"Berg und See, Tannenabhänge und Laubholzschluchten, Quellen, die über Kiesel plätschern, und Birken, die vom Winde halb entwurzelt, ihre langen Zweige bis in den Waldbach niedertauchen."

Südlich der Spreestadt Fürstenwalde liegt, ebenfalls in einer eiszeitlichen Hügellandschaft eingebettet, eine weitere märkische Kostbarkeit: der majestätische Scharmützelsee. Auch er ist von dichten Laub- und Nadelwäldern eingebettet, durch Bebauung aber nicht mehr überall zugänglich. Nördlich des sagenumwobenen großen Sees steigen die Rauenschen Berge bis auf 148 m ü. d. M. an. In ihm liegen zwei gewaltige Granitsteine, die "Markgrafensteine", Teil einer eiszeitlichen Stauchendmoräne. Die Hälfte des größeren der beiden Monolithen wurde 1827 zu einer monumentalen Schale verarbeitet, die vor dem Alten Museum im Berliner Lustgarten Aufstellung fand.

Landschaftlich von großem Reiz ist auch das mit seinen vielen Kanälen und durch die Flußnähe eher spröde wirkende Oderbruch. Weiden, Wiesen und Äcker, soweit das Auge blickt, kennzeichnen es. Dieses tiefgelegene Land im Einzugsgebiet der Oder war über Jahrhunderte ein Überschwemmungsgebiet. Der preußische König Friedrich II. ließ zur Melioration des Oderbruches von 1747 bis 1753 unter Leitung des Holländers Leonhard von Haerlem ein umfangreiches Kanal- und Grabensystem anlegen. Dies war Pionierarbeit, und so entsprach das Wort des Königs: "Hier habe ich im Frieden eine Provinz erobert", durchaus den Tatsachen. Fontane rührt an die Vergangenheit:

"Alle noch vorhandenen Nachrichten stimmen darin überein, daß das Oderbruch vor seiner Urbarmachung eine wüste und wilde Fläche war, die, sehr wahrscheinlich unserem Spreewald verwandt, von einer unzähligen Menge größerer und kleinerer Oder-Arme durchschnitten wurde. Viele dieser Arme breiteten sich aus und gestalteten sich zu Seen, deren manche, wie der Liepische bei Liepe, der Kietzer und der Kloster See bei Friedland, noch jetzt, wenn auch in sehr

veränderter Gestalt, vorhanden sind. Das Ganze hatte dementsprechend mehr einen Bruch- als einen Waldcharakter, obwohl ein großer Teil des Sumpfes mit Eichen bestanden war. Alle Jahre stand das Bruch zweimal unter Wasser, nämlich im Frühjahr um die Fastenzeit, nach der Schneeschmelze an Ort und Stelle, und um Johanni, wenn der Schnee in den Sudeten schmolz und Gewitterregen das Wasser verstärkten. Dann glich die ganze Niederung einem gewaltigen Landsee, aus welchem nur noch die höher gelegenen Teile hervorragten, ja selbst diese wurden bei hohem Wasser überschwemmt."

Zum Abschluß der kleinen Exkursion in ausgewählte, unverwechselbare märkische Landschaften sei das Schlaubetal in der Nähe von Frankfurt/O. erwähnt. Hier kann man in ausgedehnten Laub- und vor allem Buchenwäldern immer dem Schlaube-Bach entlang wandern und mit sich und der Natur allein sein. Wer jedoch vor den Toren Berlins ähnlich Schönes an Wald und Wasser erleben will, dem stehen das Briesetal unweit Birkenwerders oder die idyllischen Wege am Nonnenfließ (in der Nähe Melchows) mit weiten Mischwaldbeständen offen.

Zur natürlichen Umwelt in der Mark Brandenburg, deren Markenzeichen die Kiefer (prosaisch: Föhre) geworden ist, gehört eine bemerkenswerte Tier- und Pflanzenwelt. Zwar wächst auch hier, was woanders auch zu finden ist, in Sonderheit aber, was woanders selten geworden oder nicht mehr vorhanden ist. Leider sind auch in der Mark einige Pflanzen- und Tierarten vom Aussterben bedroht. Der märkische Wald ist der Vater natürlichen Werdens. Es ist schon schön, wenn man z. B. in den Forsten des Kreises Bernau, bei Basdorf und anderswo noch kilometerweit durch Heidekraut wandern kann und sich im Gamengrund bei Tiefensee im Frühjahr ganzer Teppiche von Buschwindröschen und Leberblümchen erfreuen kann.

Geschützte Pflanzen, vor allem in der Schorfheide, bei Chorin, um den Parsteiner See herum und in der südlichen Uckermark zu finden, sind neben vielen Moosen und Farnen Bärlapparten, Federgras, Fettkraut, Maiglöckchen, Schlüsselblumen, Sonnentau, Sumpfporst, Trollblumen, Wassernuß, weiße Seerosen und Wiesen-Kräuterschelle. Auch Orchideen gedeihen noch: der Frauenschuh, das Knabenkraut, der Sumpfwurz.

Geschützt sind auch alle Kleintiere, die z. T. selten geworden sind. Blindschleichen und Ringelnatter, die scheue Kreuzotter, Glattnatter, Igel, alle Frosch- und Krötenarten (darunter Laub- und Moorfrosch und die rotbauchige Unke), Molche, Salamander (auch Feuersalamander), Mauswiesel und Spitzmaus. In den Laubwäldern der Mark kreucht auch der rar gewordene Hirschkäfer. Nicht selten sind Fuchs und Waschbär, während der Dachsbestand schwer angeschlagen zu sein scheint.

Ein Paradies für Tiere ist die Schorfheide mit großen und gesunden Baumbeständen an (ausgesetzten) Mufflons, Hirschen, Damwild, Rehen, Schwarzkitteln und auch Hasen. Auffällig ist, daß der Großvögel-, vor allem der Greifvogel-Bestand, zugenommen hat. Überall sind Habichte, Milane (vor allem die Gabelweihe), Bussarde (Wespen- und Mäusebussarde), Falken (Baumfalke und Turmfalke), Sperber und Rohrweihe zu beobachten. Auch der Waldkauz ist verhältnismäßig häufig. Unter strengstem Schutz stehen bedrohte Vogelarten, die, wie kaum noch in anderen Teilen Ostdeutschlands, im Raum Schorfheide-Werbellinsee-Chorin-Eberswalde in Geschlossenheit nisten. So brüten am Parsteiner See Schreiadler, Fischadler und Seeadler. Eine Kolonie von Fischreihern befindet sich im Forstrevier Kahlenberg bei Eberswalde. In der Nähe - leider vereinzelt - nistet auch der aussterbende Schwarzstorch.

Zwischen Schorfheide und Parsteiner See sind die ebenfalls vom Aussterben bedrohte Blauracke, sind Wiedehopf und

Beutelmeise noch zu Hause. Fast alle Seeufer werden von Haubentauchern, Stockenten, Bleßrallen, Rohrammern und verschiedenen Rohrsängern bewohnt. Noch vor nicht allzu langer Zeit waren Höckerschwan, Große Rohrdommel, Zwergtaucher, Tafel- und Krickente, Kräkente, Reiherente, Teichralle, Wasserralle und Rohrschwirl noch häufigere Brutvögel. Selten brüteten Rothalstaucher, Zwergrohrdommel, Spießente, Schellente, Graugans, Lachmöwe, Trauerseeschwalbe und Flußseeschwalbe. Den possierlichen Eisvogel hingegen findet man wie auch Kiebitz und Bekassine überall.

Nicht klar ist, inwiefern Gebirgsstelze und Wasseramsel, jahrhundertelang eine Besonderheit des Gebietes, noch am Leben sind. Nach wie vor beobachtet werden Feldlerche, Braunkehlchen, Wiesenpieper und Sumpfrohrsänger. Im märkischen Erlenbruchwald nisten Grasmücke, Weidenmeise, Sumpfmeise, in den Kiefern- und Laubwäldern Baumpieper, Buchfink, Laubsänger, Goldammer, Meisen (auch die Tannen- und die Haubenmeise), Rotschwanz, Rotkehlchen, Heidelerche und Amsel. Inzwischen wieder häufig ist der Sprosser und die ihm verwandte Nachtigall. Auch Trauerfliegenschnäpper, Gimpel und Spechte scheinen sich den verschlechterten Umweltbedingungen tapfer angepaßt zu haben. In den Buchenwäldern ist auch die Mönchsgrasmücke wieder zahlreicher vorhanden. Sehr stark hat sich der Kolkrabe ausgebreitet. Im übrigen treffen vor allem im Norden Berlins regelmäßig und in manchen Jahren sehr häufig gefiederte Wintergäste ein: Dohlen, Bergfinken, Kernbeißer und Seidenschwänze.

Alles in allem muß in der Mark Brandenburg energischer als bisher Flora und Fauna erhalten und stabilisiert werden, was in den anderen östlichen Bundesländern bereits nicht mehr oder nur noch rudimentär vorhanden ist. In den Umweltschutz, zu dem die Erhaltung der zwar im ganzen noch gesund erscheinenden, in Wahrheit aber schon von Schäden betroffenen, romantischen Wälder der Kurmark gehört, wird erheblich zu investieren sein. Dazu zählt auch ein wirksamer Gewässerschutz.

Das Land ist nicht nur reich an Gewässern, sondern auch an sie beherbergenden Bewohnern: Der Fischreichtum der Mark ist noch sprichwörtlich. Benötigt wird auch eine vernünftige Konzeption der touristischen Erschließung des Landes. Es darf buchstäblich das, was sich nicht wehren kann, nicht "unter die Räder" des Molochs Auto gelangen. Grenzen müssen gezogen, Hemmschwellen errichtet und verschiedene Schutzmaßnahmen durchgesetzt werden ohne Rücksicht auf Egoismen und falsch verstandene Bewegungsfreiheit. Nur dann wird immer wieder sein, was Fontanes romantischer Frühlingstraum ist:

"Grüß Gott dich, Heimat! Nach langem Säumen
In deinem Schatten wieder zu träumen
Erfüllt in dieser Maienlust
Eine tiefe Sehnsucht nur die Brust."

Das Land Brandenburg in der Geschichte

"Die Geschichte gilt als die Schule der Fürsten ... Sie bringt dabei eine solche Fülle von Charaktereigenschaften ans Licht, daß Ähnlichkeiten mit Fürsten unserer Tage sich ohne weiteres aufdrängen; und wenn sie über die Toten ihr Urteil spricht, richtet sie stillschweigend über die Lebenden mit."

Friedrich II.

Das Land zwischen Oder und Elbe war in frühgeschichtlicher Zeit von germanischen Stämmen, die bereits ca. 450 v. u. Z. in dieses Gebiet gelangt waren, besiedelt worden. Im Zuge der Völkerwanderung verließen sie im 5. und 6. Jahrhundert n. u. Z. das Territorium, in das Slawen nachrückten und hier siedelten. Diese Stämme, vor allem Wilzen, Obodriten, Heveller und Sorboen, später Obodriten, Lutizen und Heveller, hielten sich hier unangefochten, bis der erste deutsche König Heinrich I. im Winter 928/29 die Heveller in Brennabor (Brandenburg), slawische Grenzbefestigung und Herrschaftszentrum, belagerte und schlug, das Gebiet in Besitz nahm und hier zwei Bistümer errichtete: Brandenburg und Havelberg. 983, während einer Italienreise des deutschen Kaisers Otto II., erhoben sich die Slawen in einem großen Aufstand. Bistümer und das Land zwischen Elbe und Oder gingen verloren, Brennabor wurde wieder das Zentrum eines slawischen Gemeinwesens.

Im Jahre 1134 belehnte Kaiser Lothar II. den Askanier Albrecht den Bären mit der Nordmark. Dieser eröffnete im Zuge eines Kreuzzuges gegen die heidnischen Slawen eine zunächst erfolglose Ostexpansion. Erst als der letzte Hevellerfürst, Pribislaw, mit dem ihn eine lange und feste Freundschaft verband, 1150 starb und das Land testamentarisch an Albrecht fiel, gelang es dem Askanier, 1157 die sich ihm verweigernde Burg Brennabor zu erobern und sich gleichzeitig zum Markgrafen von Brandenburg zu erklären. Dennoch hielt der slawische Widerstand gegen Christianisierung und markgräfliche Macht an. Die bekannteste mittelmärkische Sage - die Schildhornsage - hielt den letzten Kampf legendenhaft fest: Ein Wendenfürst, man erzählt, Jaczo von Köpenick, lieferte dem Streithaufen Albrecht des Bären eine Schlacht, die den Hevellern verlorenging. Vom Feinde in einem wahnsinnigen Ritt verfolgt, näherte sich der vom Tode bedrohte Held Jaczo der Havel "zwischen Gatow und Pichelsdorf, da wo der Strom in gar mächtiger Breite sich ihm vorlagerte ... Als nun der heidnische Fürst die schmale Landzunge, welche sich vor ihm ausstreckte, erreicht hatte und vor sich das ausgedehnte Gewässer erblickte, hinter sich aber näher und näher die erbarmungslosen Feinde heranstürmen hörte, während weit drüben erst das rettende Ufer von einem vorspringenden, steil abfallenden Horn her winkte, da gelobte er in seiner gewaltigen Noth, er wolle sich fortan zum Christentum bekennen, so der Gott der Christen ihn gleicherweise aus den Händen der nachsetzenden Sieger wie aus dem vor ihm fluthenden Wassergrabe erretten wolle." Er erreichte das Ufer, befestigte zum Zeichen des Dankes sein Schild an einem Eichenstamm und ließ sich alsbald taufen.

Im 13. Jahrhundert gelang es den Askaniern, ihre Macht zu festigen und durch eine geschickte Besiedlungspolitik Deutsche vor allem aus Westfalen, Flandern, den Niederlanden, aber auch aus dem Harz in die noch dünn besiedelte Mark zu ziehen. Die mit Abgabefreiheit und zahlreichen Vergünstigungen für die Siedler verbundene Zivilisierung weiter märkischer Gebiete, u. a. durch Rodungen, erhielt neue starke Impulse, als in der zweiten Hälfte des 12. Jahrhunderts der Orden der

Zisterzienser (in geringerem Umfang auch Prämonstratenser) ins Land kam, Klöster (u. a. Zinna, Lehnin und Chorin) errichteten und von hier aus systematisch zivilisatorische Arbeit - vor allem in der Landwirtschaft - leisteten. Sie brachten u. a. romanische und gotische Architekturformen mit, die ihre unverwechselbare märkisch-norddeutsche Ausformung erhielt. Baukunst der Zisterzienser und das von ihnen inspirierte Handwerk trugen bereits im 13. Jahrhundert im Zuge und in der Folge der Ostexpansion zur Entstehung zahlreicher Städte - unter ihnen auch Berlin - und zu einem ersten Aufblühen des mittelalterlichen Handels bei. 1252 wurden die Markgrafen von Brandenburg Kurfürsten. Sie erhielten somit volles Stimmrecht bei der Wahl des deutschen Kaisers.

1320 starb die brandenburgische Linie der Askanier aus. Die nun fast ein Jahrhundert währende Zeit instabiler Herrschaftsverhältnisse wurde einerseits von den aufblühenden Städten genutzt, um ihre relativ unabhängigen Positionen gegenüber feudalen Gewalten zu sichern und auszubauen, andererseits auch von den Rittern, den kleinen Feudalherren des Landes, mit dem Ziel, die markgräfliche Territorialgewalt zugunsten eigener Machtansprüche noch stärker zu schwächen.

Nach dem Tode des letzten askanischen Kurfürsten Woldemar und einer kurzen Regentschaft eines Verwandten, Heinrich II. von Landsberg, zog Kaiser Ludwig der Bayer, ein Wittelsbacher, die Mark Brandenburg kurzerhand als erledigtes Reichslehen ein. Er übertrug es 1323 seinem achtjährigen Sohne Ludwig, der gegen die Herzöge von Pommern, die die Uckermark annektieren wollten, und gegen ein polnisches Heer Krieg führte. Der Kurfürst mußte der Verlockung entgegentreten, die von einem schwachen Staatswesen auf die feudalen Nachbarn ausging. Die Wittelsbacher waren dennoch unbeliebt, und so ist es zu verstehen, daß Bauern und Bürger einen Betrüger unterstützten, den "falschen Woldemar", der, sich als Onkel des verstorbenen letzten Askaniers ausgebend, einige Städte und auch Kleriker hinter sich brachte und erst 1348 endgültig ausgeschaltet werden konnte. Er war der Sohn eines Müllers aus Beelitz. Als Ludwig 1351 starb, folgte sein Bruder Ludwig der Römer (weil in Rom geboren) auf den Kurfürstenthron, nach dessen Tode 1365 der dritte der Brüder, Otto (der Faule).

Otto, eben nicht zu Unrecht "der Faule" genannt, verkaufte die Mark 1373 für 200.000 Goldgulden an Kaiser Karl IV. aus dem Hause Luxemburg. Dieser im Gegensatz zu Otto tatkräftige Monarch begann die märkische Stadt Tangermünde zu einer nach Prag zweiten Hauptstadt des Reiches auszubauen. Als er 1378 starb, hätte das Kurfürstentum Brandenburg an seinen Sohn Wenzel fallen müssen. Dieser jedoch, im gleichen Jahr selbst zum Kaiser gewählt, überließ Kurwürde und Kurmark seinem Bruder Sigismund, die Neumark - östlich der Oder gelegen - erhielt der gemeinsame (jüngste) Bruder Johann Sigismund, König von Ungarn, hielt sich jedoch mit dem für ihn nur als Geldquelle interessanten Gebiet, das politisch immer mehr verwahrloste, nicht weiter auf: Er verpfändete die Kurmark, weil er nicht "flüssig" war, 1388 an den Markgrafen Jobst von Mähren, was ihn nicht daran hinderte, 1402, nach dem Tode des Bruders Johann, die Neumark dem Deutschen Orden in Pfand zu geben.

Als Jobst - ein Vetter Sigismunds - 1411, nachdem er aus dem gebeutelten Land herausgeholt hatte, was herauszuholen war, das Zeitliche segnete, übertrug Sigismund, seit 1410 deutscher Kaiser, die Stadthalterschaft über Brandenburg 1411 an einen seiner Vertrauten, an Friedrich VI., den Burggrafen von Nürnberg aus dem Hause Hohenzollern. Im Jahre 1415 erhielt dieser, fortan Friedrich I. genannt, Brandenburg als erbliches Lehen, die Kurwürde und das damit verbundene Erzkämmereramt des Heiligen Römischen Reiches. Die Hohenzollern sollten die Mark Brandenburg bis 1918 regieren. Der neugebackene Kurfürst ging zunächst energisch daran, die inzwischen desolaten Zustände im Lande, von denen vor allem der

Adel, aber auch die Städte profitiert hatten, systematisch zu beseitigen.

Die Wirren nutzend, hatte der Adel des Landes, die Quitzows, Bredows, die Gans Edlen Herren von Putliz u. a., landesherrliche Rechte an sich gebracht, hatte vor allem aber bäuerliche Abgaben, die dem Kurfürsten zustanden, an sich gerissen, in einigen Fällen auch dessen Burgen und Besitzungen, die seine Vorgänger z. T. verpfändet hatten. 1414 war es Friedrich noch als Statthalter gelungen, den bewaffneten Widerstand des Adels zusammen mit dessen Burgen zu brechen. Auch die Städte Brandenburgs, z. T. der Hanse angehörend, waren mächtig geworden. Zwar hatten sie Friedrich bereits 1412 gehuldigt, waren aber an einer starken Oberhoheit nicht sonderlich interessiert. Vielen war es unter Ausnutzung der geschwächten Landesherrschaft im 14. Jahrhundert gelungen, Gerichtsbarkeit und Besitzungen zu erwerben, neue Rechte und Privilegien zu erhandeln. Die durch Handwerk und Handel reich werdenden Bürger kamen allmählich in feudale Rechts- und Besitzpositionen, die sie dem in ewigen Geldnöten steckenden Adel und dem Kurfürsten durch Kauf abgenommen hatten: So z. B. entrichteten in der zweiten Hälfte des 14. Jahrhunderts die Bauern der Altmark feudale Abgaben schon zu über 40 Prozent an städtische Bürger. Die entwickelten ein entsprechendes Selbstbewußtsein und leisteten der kurfürstlichen Macht - hinhaltend - Widerstand. Berlin, als Anführer einer gegen den Kurfürsten gerichteten Fronde geltend, und andere Städte schlossen sich 1431 zum mittelmärkischen Städtebund zusammen.

Erst Kurfürst Friedrich II. "Eisenzahn" gelang es - nachdem sich die Doppelstadt Berlin/Cölln im "Berliner Unwillen" gegen ihn handgreiflich empört hatte -, 1448 Berlin endgültig in seine Botmäßigkeit zu bekommen. Doch gebrochen war märkischstädtischer Widerstand noch lange nicht. Er erlosch erst, als das starke altmärkische Stendal 1488 zum Gehorsam gezwungen wurde.

Die Hohenzollern trieben eine im ganzen geschickte Macht- und Territorialpolitik. So gelang es dem politisch beweglichen Kurfürsten Friedrich II. im Jahre 1454, das bedeutsame, 13.200 km² große Territorium der Neumark (Hauptstadt Küstrin), die von nun an (bis 1945) immer bei Brandenburg bleiben sollte, vom Deutschen Orden zurückzukaufen. Friedlicher Landerwerb schloß freilich ständige Grenzkonflikte z. B. mit Pommern, auf das es die Hohenzollern abgesehen hatten, nicht aus. Mit Pommern war Brandenburg 1338 einen Erbvertrag eingegangen.

Als Herzog Otto III. von Pommern-Stettin 1464 als letzter seines Stammes starb, erhob Kurfürst Friedrich II., wohl wissend, daß es noch eine Nebenlinie der Greifenherzöge (Pommern-Wolgast) gab, Anspruch auf den vakanten Nachbarthron. Der nun entfesselte, blutige Hader zog sich fünf Jahre hin; er brachte Brandenburg, das nicht hinlänglich in der Lage war, Ansprüche militärisch durchzusetzen, unbedeutenden Landgewinn. Doch Pommern blieb pommersch.

Mit anderen Territorien hatten die Hohenzollern auch so ihre Schwierigkeiten. Die vom rührigen Friedrich 1448 von der Adelsfamilie Polenz erworbene Niederlausitz war ihm vom böhmischen König Georg von Podiebrad 1462 wieder abgenommen worden. Doch wurden ihm Cottbus und Peitz lehnsweise überlassen. Als böhmische Lehen kamen auch die Herrschaften Krossen, Züllichau, Bobersberg und Sommerfeld, erworben vom Kurfürsten Albrecht Achilles (1471-1486) hinzu. Klug war er allemal, dieser Landesherr, bestimmte er doch 1473 in der Dispositio Achillea, daß es für alle Zeiten nur drei regierende Hohenzollern seiner Linie geben dürfe: einen in Brandenburg und jeweils einen in Ansbach und in Bayreuth, den beiden fränkischen Fürstentümern. Damit blieb den Hohenzollern erspart, was z. B. die Wettiner seit 1485 veranstalteten: eine immer stärker um sich greifende Zersplitterung der sächsischen und thüringischen Lande durch Erbteilungen.

1599 sollte Kurfürst Joachim Friedrich von Brandenburg (1598-1608) sogar noch einen Schritt weitergehen, wenn er im Geraer Hausvertrag die Unteilbarkeit der Kurmark für alle Zeiten hausintern festschreiben ließ. Immerhin, die Kurmark vergrößerte sich zwar langsam und unregelmäßig, aber mit einer gewissen Kontinuität. Im 15. und 16. Jahrhundert schloß Brandenburg eine Reihe von Erbverträgen ab. Als die regierenden Grafen von Lindow 1524 ausstarben, kam die reichsunmittelbare Grafschaft Ruppin an Brandenburg, 1575 die bereits 1462 in Aussicht gestellte Herrschaft Beeskow-Storkow.

Die zunehmende Zerrüttung der deutschen Zentralgewalt, die verfehlte Reichspolitik der deutschen Kaiser, kam auch den Kurfürsten von Brandenburg nicht ungelegen. Im 16. Jahrhundert zog der Machtzuwachs der Hohenzollern, die ihren Herrschaftsanspruch durchgesetzt und Mechanismen zur Kontrolle der lokalen Machtorgane geschaffen hatten, stärkere zentralistische Bestrebungen nach sich. Hofrat, Amtskammer und Kammergericht wurden geschaffen und in Berlin eine feste Residenz errichtet.

Wenn auch die kurfürstlichen Kassen - Hofhaltung und Verwaltung kosteten Geld - ständig leer waren und die Staatsschulden 1540 eine Million Gulden (1571 zweieinhalb Millionen) überstiegen, so war dies kein Indiz für die wirtschaftliche Lage des Landes. Handwerk und Handel blühten auf, Tuch- und Bierproduktion, ein gedeihlicher Ackerbau und die zunehmende Viehzucht trugen zu einem gewissen Wohlstand bei, der freilich sozial und lokal ganz unterschiedlich verteilt war und Armut als gesellschaftliche Erscheinung einschloß.

Da die Kurfürsten nicht unumschränkt herrschten und vor allem in Steuerfragen von den brandenburgischen Landständen, in denen Adel, Geistlichkeit und Immediatstädte vertreten waren, in gewissem Maße abhängig waren, gelang es deren Vertretern, hier vor allem denen des Adels, Einfluß auf die Entwicklung von Wirtschaft und Politik zu nehmen. Umgekehrt vermochte es der Landesherr, Adel und Städte gegeneinander auszuspielen, wenn es das politische Kalkül gebot. Auch die Spannungen zwischen Patriziat und Zünften in den Städten hatten die Kurfürsten wohl zu nutzen gewußt.

Die eigentlichen Leidtragenden waren die Bauern, die von der einen und auch der anderen Seite zur Ableistung feudaler Dienste und erhöhter Abgaben in die Pflicht genommen wurden. Aber auch das Bürgertum wurde zu zusätzlichen Steuern, von der die heftig abgelehnte Biersteuer wohl die unpopulärste war, herangezogen. Mehr noch litt es unter der vom Landesherrn praktisch zu Gunsten des Adels betriebenen Politik der Einengung seiner Rechte und Privilegien. Die Aufhebung von Stapelrechten und der Verpflichtung der Bauern, Getreide nur auf städtischen Märkten zu verkaufen, durchbrach die handels- und gewerbepolitische Monopolstellung der Städte: Während sie Getreide nur verzollt ausführen durften, wurde dem Adel zu Beginn des 16. Jahrhunderts gestattet, das z. T. bei den Bauern aufgekaufte Getreide in großen Mengen zollfrei abzuführen.

Unter Kurfürst Joachim II. (1535-1571) wurde 1539/40 die Reformation durchgeführt. Sie stärkte die Position des Landesfürsten, der nun auch oberster Kirchenherr wurde, gewaltig. Das Eigentum der römisch-katholischen Kirche wurde säkularisiert, d. h. es fiel der Krone zu; die Bistümer Brandenburg, Havelberg und Lebus, die umfangreichen Grundbesitz besaßen, wurden aufgelöst.

Die lutherische Landeskirche - Kurfürst Johann Sigismund (1608-1619) selbst trat 1613 zum reformierten Bekenntnis über - erhielt ein Konsistorium mit einem Generalsuperintendenten an der Spitze. 1604 trat zu Amtskammer (als Domänen- und Münzstättenverwaltung), Kammergericht und Konsistorium ein Geheimer Rat aus neun Räten, dem die Bearbeitung auswärtiger, aber auch wichtiger innerer Angelegenheiten und allgemeiner Verwaltungsfragen oblagen. Damit war der Ausbau des brandenburgischen Behördensystems im wesentlichen abgeschlossen.

Einen wesentlichen Gebietszuwachs erfuhr das Kurfürstentum, als im März 1609 der kinderlos gebliebene Herzog Johann von Jülich, Kleve und Berg starb, um dessen Erbe gleich sechs deutsche Fürsten stritten. Brandenburg erhielt nach zähem Ringen 1614 ein bedeutendes Stück des Kuchens: Kleve, die Grafschaft Mark und die Herrschaften Ravensberg und Ravenstein. Damit faßte Kurbrandenburg in Westdeutschland Fuß. Noch bedeutsamer für ein späteres Königreich war der Erwerb des Herzogtums Preußen, das Kurfürst Johann Sigismund von seinem geisteskranken Schwiegervater Albrecht II. zunächst vormundschaftlich, dann, im Jahre 1618, erblich übernahm.

Der Dreißigjährige Krieg (1618-1648) suchte die Mark Brandenburg schwer heim. Kurfürst Georg Wilhelm (1619-1640), ein mit politischem Geschick nicht gerade gesegneter Fürst, taktierte zwischen den Kriegsparteien. Militärisch selbst nicht handlungsfähig, koalierte er einmal mit der kaiserlich-katholischen, ein anderes Mal mit der schwedischen Seite, was dazu beitrug, daß Brandenburg, strategisch zwischen den Fronten liegend, zum Schauplatz und zu einer "Transitstrecke" des Krieges wurde, auf der die mordenden und sengenden Truppen hin- und her wogten.

"Das Land wurde von befreundeten und feindlichen Heeren überflutet, die gleichermaßen barbarisch hausten.
Wie sturmgepeitschte Wogen stießen sie aufeinander. Bald überschwemmten sie das Land, bald zogen sie sich zurück und ließen es verwüstet liegen. Das Elend erreichte seinen Höhepunkt, als die Bewohner, die dem Schwert des Soldaten entronnen waren, an bösartigen Seuchen zugrunde gingen."

Zu Recht weist der Verfasser dieser Zeilen, der preußische König (und brandenburgische Kurfürst) Friedrich II. auf die Seuchen hin, die offensichtlich mehr Opfer forderten als die direkte Kriegseinwirkung.

Die Pest der Jahre 1630/31 - bereits 1621, 1625/26 war sie aufgetreten - wurde zur schlimmsten Todeswalze des Krieges. Im schwülheißen Sommer des Jahres 1631 - weitere Pestzeiten (1635, 1637-1639) sollten noch folgen - wurden ganze Landstriche der Mark entvölkert. Pocken- und Ruhrepidemien, in der Zeit von 1624-1648 in dichter Folge periodisch auftretend, trugen ebenfalls dazu bei, daß die Mark Brandenburg etwa 50 Prozent ihrer Bevölkerung verlor und zahlreiche Dörfer (die Stellen wurden noch Jahrhunderte später als Wüstungen bezeichnet) von der Landkarte verschwanden.

Kurfürst Friedrich Wilhelm (1640-1688), nicht zu Unrecht als der Große Kurfürst bezeichnet, trat die Regierung im zwanzigsten Lebensjahr mit dem Willen an, die traurigen Folgen des Krieges zu überwinden und - in gewisser Weise durch die Ereignisse belehrt - Brandenburg zu einem militärisch handlungsfähigen, politisch und ökonomisch starken Land, zu einem hochzentralisierten absolutistischen Staatswesen zu machen. Dem immens klugen und tatkräftigen Politiker war bewußt, daß Brandenburg bislang eine Summe recht verstreut liegender Territorien - jedes mit eigenem Verwaltungsapparat - war, daß der administrative Zusammenhang, der vor allem für zentralisierte Machtausübung und gezielten wirtschaftlichen Neuaufbau notwendig war, fehlte. Er sah auch klar, daß die Stände - das Instrument der Steuerbewilligung virtuos beherrschend - inzwischen zur stärksten politischen Kraft im Lande geworden waren.

Innenpolitisch begann er folgerichtig mit der Ausschaltung dieses Faktors, was ihm politisches und diplomatisches Geschick, aber zuweilen auch - so im Umgang mit den störrischen preußischen Landständen - den Einsatz offener Gewalt abverlangte. Von Skrupeln wurde der energische Machtpolitiker dabei nicht geplagt. Der Weg zur absolutistischen Regierung zwang ihn jedoch, sich zunehmend auf den Adel, dessen Privilegien bestätigt und erweitert wurden, zu stützen. Im kurmärkischen Landtagsrezeß vom 26.07.1653 wurden ihm zwar 530.000 Taler, die er vor allem für den Aufbau eines stehenden Heeres benötigte, bewilligt, doch mußte er die im Lande faktisch bestehende bäuerliche Gutsuntertänigkeit, die nun als Regelfall und Norm fixiert wurde, zu Gunsten des Adels kodifizieren. So mußte nicht der brandenburgische Gutsherr den Nachweis über die Unfreiheit seiner Bauern, sondern diese den Beweis für ihre persönliche Freiheit erbringen. Diese Feudalordnung basierte auf der persönlichen Unfreiheit der Bauern. Sie durften ihre Hofstellen nicht ohne obrigkeitliche Zustimmung verlassen, mußten Hand- und Spanndienste und verschiedenartige Abgaben leisten. Sie unterstanden der gutsherrlichen, der patrimonialen Gerichtsbarkeit. Dies hinderte viele unfreie Bauern nicht daran, wohlhabend zu werden und in die Lage zu kommen, Dienste durch Geld abzulösen.

Gewöhnlich besaß der Bauer oder Hufner in der Mark um 1660 zwei bis vier Hufen Land, und da die märkische Hufe etwa 7,5 Hektar betrug, ausreichend Produktionsfläche. Kossäten, in der Regel nur eine Hufe besitzend, leisteten vor allem Handdienste; Büdner und Kätner, zumeist nur über einen Garten verfügend, verdingten sich als Tagelöhner, während das Gesinde beim Gutsherrn gegen geringes Entgelt fest angestellt war. Dieses soziale Modell ländlicher Verhältnisse hielt sich bis zur Bauernbefreiung zu Beginn des 19. Jahrhunderts.

Dem Großen Kurfürsten gelang es, eine ständige Steuer durchzusetzen: die früher nur von Fall zu Fall erhobene Kontribution. Sie lag auf dem Grundbesitz der Bauern und Bürger. Der Adel blieb steuerfrei. Die ebenfalls eingeführte Akzise, eine indirekte Verkaufs-, Gewerbe-, aber auch Viehsteuer, wurde in kurzer Zeit zu einer nur die Städte betreffenden Abgabe. Neue Steuern und Abgaben machten eine zentrale Einrichtung notwendig. Sie entstand mit einer bezeichnenderweise "Generalkriegskommissariat" genannten Institution. Den Landkreisen stand nun ein vom Kurfürsten ernannter Kreiskommissar vor (ab 1701 Landrat), der vom Kreistag, der Versammlung der kreisgesessenen Rittergutsbesitzer, vorgeschlagen werden durfte.

Die Städte, vor allem durch den Mechanismus der Akzise kontrolliert, verloren immer mehr an Bedeutung. Jetzt, nachdem er die Stände dazu gebracht hatte, ihm die Mittel für ein stehendes Heer zu bewilligen, besaß Friedrich Wilhelm den "Knüppel", um diese niederzuhalten. So fand denn auch 1653 in Brandenburg der letzte allgemeine ständische Landtag statt.

Während die Städte - der Adel hatte sich politische in ökonomische Rechte eintauschen lassen - die eigentlichen politischen und wirtschaftlichen Verlierer waren, festigten sich kurfürstlicher Absolutismus und merkantilistisch ausgerichtete Wirtschaft.

1689 wurde die Geheime Hofkammer als Zentralbehörde für die kurfürstlichen Domänen in allen Landesteilen gegründet. Größten Wert legte der ökonomisch begabte und einfallsreiche Kurfürst auf Handel und Manufakturwesen.

Wohl blieben die Anfänge eines kolonialen Überseehandels - 1683 wurde der rote brandenburgische Adler auf der Feste Groß-Friedrichsburg an der westafrikanischen Guineaküste aufgezogen - Episode, doch hatte der Kurfürst mit der inneren Kolonisation eine glücklichere Hand. Nach Aufhebung des Edikts von Nantes 1685 lud Friedrich Wilhelm mit seinem berühmten "Potsdamer Edikt" die in Frankreich verfolgten calvinistischen Hugenotten ein, zu Vorzugsbedingungen nach Brandenburg zu kommen.

Das Toleranzedikt war vor allem ein Element der merkantilistischen Peuplierungs-, Handels- und Manufakturpolitik des absolutistischen Brandenburg. Die nach Brandenburg strömenden über 20.000 Hugenotten, größtenteils hochqualifizierte Handwerker, trugen durch ihren Fleiß und Unternehmungsgeist wie durch die Einführung weitgehender Arbeitsteilung, neuer Produktionsverfahren, technischer Neuerungen (Strumpfwirkstuhl) sowie in der Mark unbekannte Produktionszweige (Glas-, Seifen-, Seidenstoff-, Uhren-, Bänder-, Strumpffabrikation) zu einer Belebung der Wirtschaft und zur Beschleunigung der Errichtung von Manufakturen entscheidend bei. Umwälzend war auch, daß sie - vom Stücklohn-Prinzip abgehend - den Accordlohn einführten.

Auch bei der Entwicklung der Land- und Meliorationswirtschaft vermittelten die Hugenotten, die freilich auch befruchtend auf die Kulturlandschaft ihrer neuen Heimat wirkten, neue Impulse. Bei der wirtschaftlichen Erschließung des Landes ging die kurfürstliche Regierung gezielt daran, ein funktionsfähiges Verkehrsnetz zu schaffen. Es begann der Bau von neuen Straßen und Chausseen, aber auch von Wasserwegen wie der 1662/69 geschaffene Oder-Spree-Kanal, der Berlin zum Zentrum des Handels zwischen Hamburg und dem habsburgischen Schlesien machte.

Auch außenpolitisch wurde die machtorientierte flexible Territorial- und Bündnispolitik des Großen Kurfürsten von Erfolg gekrönt. Im Ergebnis des Dreißigjährigen Krieges war Brandenburg als Ersatz für Vorpommern, das Schweden für sich beanspruchte, Hinterpommern, das Herzogtum Magdeburg und die ehemaligen Bistümer Halberstadt, Minden und Kammin zugesprochen worden. 1660 erreichte der Kurfürst, nachdem er im schwedisch-polnischen Krieg auf der Seite der Schweden gefochten hatte, ein weiteres außenpolitisches Ziel: die volle Souveränität über das bislang noch unter polnischer Lehnshoheit stehende Herzogtum Preußen (Ostpreußen). Dann wechselte er das Bündnis, um den Schweden nun mit Hilfe der

Polen Vorpommern abnehmen zu können, was an der proschwedischen Haltung Frankreichs scheiterte. In den folgenden Jahren ging der Kurfürst skrupel-, aber keineswegs prinzipienlos Kriegskoalitionen ein. Im holländisch-französischen Krieg (1672-1678) unterstützte er, um Frankreichs schwedischen Verbündeten zu schwächen, zuerst die Niederlande. Als diese den kürzeren zogen, schloß er 1673 schnell einen mit 800.000 Livres honorierten Sonderfrieden mit Ludwig XIV. von Frankreich. Als dieser durch den Kriegseintritt des Habsburger Kaisers (Leopold I.), Spaniens und Dänemarks in arge Bedrängnis geriet, machte er - diesmal die nötigen Taler von Spanien und Holland erhaltend - wieder Front gegen Frankreich, das seine schwedischen Bündnisgenossen veranlaßte, ausgerechnet zum Weihnachtsfest 1674 in Brandenburg einzufallen. Die Schweden, 20.000 Mann stark, wurden von den eiligst vom Rhein herbeieilenden brandenburgischen Truppen zunächst in Rathenow, das schwedisch besetzt war, und entscheidend am 28.06.1675 im Sumpfgelände von Fehrbellin (Hakenberg) geschlagen, wo sich der als General in brandenburgischen Diensten stehende Prinz Friedrich Wilhelm von (Hessen-) Homburg besonders hervortat, und mit Hilfe der märkischen Bevölkerung aus dem Lande vertrieben.

Trotz verschiedener neuer Bündnisse und Verträge nach 1675 gelang es dem Kurfürsten weder Vorpommern noch Jülich und Berg im Westen und schlesische Gebiete, auf die er Erbansprüche erhob, im Osten an sich zu bringen.

Seinem Sohn und Nachfolger Friedrich III. (1688-1713) hinterließ er jedoch ein intaktes, zentralisiertes, absolutistisches Staatswesen mit einer effektiven Verwaltung, einem schlagkräftigen Herr und einer aufblühenden Wirtschaft. Auch Kunst, Kultur und Geistesleben hatten einen erfreulichen Aufschwung genommen. Die bereits 1506 gegründete Universität Frankfurt/O., eine Hochburg des reformierten Glaubensbekenntnisses, wurde zu einem Zentrum des Cartesianismus und wissenschaftlichen Denkens in Europa. Der Große Kurfürst schützte eine Reihe von angesehenen Gelehrten vor dogmatischen Angriffen und bewahrte ihnen die Freiheit der Lehre. Sein ehrgeiziger Plan, in Tangermünde eine Universal-Universität zu errichten, ging jedoch nicht auf. Ein besonderes Verdienst des Kurfürsten war seine konsequente Politik religiöser Toleranz, die er vor allem gegen den erbitterten Widerstand der lutherischen Orthodoxie durchsetzte. Sie verzieh ihm insbesondere nicht, daß er anläßlich der Vertreibung der Juden aus Wien (1670) jüdische Familien - hier ganz eindeutig aus wirtschaftlichen Gründen - eingeladen hatte, in sein Land zu kommen, "daferne es reiche, wohlhabende Leute wären, welche ihre Mittel ins Land bringen und hier anlegen".

Die auch von ihm akzeptierte allgemeine Nichtgleichberechtigung der Juden hinderte ihn aber nicht daran, energisch gegen Übergriffe des Pöbels gegen seine neuen Untertanen einzugreifen und sie durch ihm ergebene Beamte wirkungsvoll zu schützen. 1688 gab es in Berlin eine jüdische Gemeinde von ca. 40 Familien (1700 waren es 117), in Frankfurt/O. umfaßte sie 1688 43 Mitglieder. Bei Regierungsantritt des Großen Kurfürsten hatte es keine Juden mehr in der Mark gegeben. Sie waren 1573 vertrieben worden; als er starb, waren es ca. 2.500.

Sein Nachfolger Friedrich III., politisch unbedeutend, aber immens kunst- und prunkliebend, ließ sich 1701 mit kaiserlicher Erlaubnis, die er faktisch durch die Teilnahme Brandenburgs am Reichskrieg gegen Frankreich erwirkt hatte, am 18.1.1701 in Königsberg zum König in Preußen krönen. Brandenburg war das Kernland der neuen Monarchie. König Friedrich I., wie er nun hieß, baute Berlin zu einer prächtigen Residenz aus, zog Künstler und Gelehrte an seinen als tolerant, aber auch als korrupt geltenden Hof, und er fand in seiner intelligenten Gattin Sophie Charlotte eine königliche Partnerin, die sich für Kunst und Wissenschaft zu engagieren vermochte, die dem Geist der frühen Aufklärung zutiefst verbunden war. Leibniz kam nach Berlin und gründete 1700 die

Akademie der Wissenschaften; Musik und Schauspiel wurden gepflegt, Andreas Schlüter gab dem Renaissance-Residenzschloß durch barocke Umbauten Formen, und ein prächtiges Hoffest löste das andere ab. Von ambitionierten Günstlingen und Intriganten umgeben, warf der Kurfürst/König das Geld zum Fenster hinaus, so daß der Staat an den Rand des finanziellen Ruins gedrängt und die Wirtschaft zerrüttet wurde. Sein Enkel, Friedrich der Große, schrieb:

"Seine Hofhaltung war eine der prächtigsten in Europa ... Er bedrückte die Armen, um die Reichen zu mästen. Seine Günstlinge erhielten hohe Gnadengehälter, während sein Volk im Elend schmachtete. Seine Bauten waren prachtvoll, seine Feste glänzend ... Alles in allem: er war groß im Kleinen und klein im Großen."

Mit der Mißwirtschaft machte der Sohn des so Kritisierten, der sparsame Friedrich Wilhelm I. (1713-1740), der Soldatenkönig, rigoros Schluß.

Seine Liebe und Aufmerksamkeit galten dem Heer und dessen Vergrößerung. Diesem Ziel hatte sich in den Augen des Königs, der Preußen zu einer europäischen Großmacht entwickeln wollte, alles unterzuordnen. Jetzt begann sich zu entfalten, was man später "preußischer Militarismus" nennen sollte. Seine berühmt gewordenen "Langen Kerls" als Hobby, mehr noch die als königliche Berufung aufgefaßte Aufstockung der Armee kosteten Geld, was allein durch Sparen und durch das Einschmelzen seines kostbaren Tafelsilbers zu Regierungsbeginn nicht wesentlich vermehrt werden konnte.

Der König begann, das Manufakturwesen energisch zu fördern. Vor allem war ihm an der Produktion von Tuch und militärischen Ausrüstungen gelegen. Auch aus dem Fernhandel gedachte er Profit zu ziehen. Kaufleute und Manufakturisten mit Elan und Unternehmungsgeist fanden deshalb seine Förderung. Die Kaufleute Daum und Splitgerber z. B., die große Handelsgesellschaften und 1722 die Potsdamer Gewehrmanufaktur gegründet hatten, im weiteren den Eberswalder Kupferhammer, das Zehdenicker Eisenwerk, den Hegermühler Messinghammer u. a. m. gepachtet hatten und später auch Zucker siedeten, half er nach Kräften. Geld floß auch aus der zeitweiligen Verpachtung der königlichen Domänen.

Dies alles machte eine Effektivierung des absolutistischen Staats- und Verwaltungsapparates notwendig. Ein zentrales General-Ober-Finanz-Kriegs- und Domänen-Direktorium mit vier Departements wurde 1722 geschaffen. In dem kollegialistisch und nach den Territorialprinzip arbeitenden Gremien war das zweite Departement für die Kurmark zuständig. General-Kriegskasse und General-Domänenkasse blieben getrennt. Auch Kommunal- und Justizwesen wurden im Sinne der absolutistischen Idee reformiert. Die noch relative kommunale Selbständigkeit und die alte Ratsverfassung fielen den 1716 eingeführten Magistratskollegien, die stark in der direkten Abhängigkeit vom König standen, zum Opfer; eine städtische Verwaltungsverfassung machte den königlichen Beamten zum eigentlichen Stadtverwalter. Im Justizwesen übernahmen Kriminalkollegien die staatliche Kontrolle; 1717 wurde eine neue Kriminalgerichtsordnung eingeführt.

Die 1731 beginnende, umfangreiche Revision der historisch längst überholten Vorrechte von Gilden und Zünften, die eine gedeihliche Entwicklung von modernen, für den Markt produzierenden Manufakturen behinderten, war auch in Brandenburg eine progressive Maßnahme. Dem König gelang es jedoch nicht, den Adel, gegen den er wetterte und den er doch gleichzeitig, vor allem im Heer, benötigte, zu Steuern heranzuziehen. In der Verwaltung favorisierte er tüchtige, ihm treu ergebene Beamte aus dem Bürgerstand.

Mit der Beschaffung von Soldaten durch die in ganz Europa berüchtigten und skrupellos vorgehenden Werber war der Ausbau des Kasernen- und Festungssystems verbunden. Potsdam, in barocken Formen beträchtlich vergrößert, erhielt den Rang einer nach Berlin zweiten Residenz.

Friedrich Wilhelm I. hatte sich aus den Kriegen seiner Nachbarn weitgehend herausgehalten. Dennoch wurde er in der Spätphase des Nordischen Krieges in Rußlands Auseinandersetzungen mit Schweden verwickelt, was ihn weder viel Geld noch Soldaten kostete, ihm aber 1720 im Stockholmer Frieden das lang erhoffte Vorpommern eintrug, das ihm von Schweden - gegen die nicht gerade hohe Summe von 2 Mio Taler - übergeben wurde.

Als der Soldatenkönig 1740 starb, hinterließ er seinem Sohn Friedrich II. (1740-1786) wohlgefüllte Kassen, eine Armee von 80.000 Mann und den Wunsch, Brandenburg-Preußen zur Großmacht aufsteigen zu lassen.

Die 46 Jahre während Regierungszeit Friedrichs des Großen war reich an Ereignissen. Da der König bedeutende Territorien dazugewann: 1743/1763 Schlesien, 1772 Westpreußen und das Netzeland, begann Brandenburg immer mehr in Preußen aufzugehen.

König Friedrich führte um Schlesien drei Kriege (1740-1742; 1744-1745; 1756-1763); der letzte, der Siebenjährige Krieg, war besonders blutig und grausam. Er suchte auch die Mark Brandenburg, zeitweilig auch Berlin, besonders aber die Neumark heim, schaffte Elend und Hungersnöte und verschlang Unmassen an Geld. Dennoch: Als im Frühjahr 1763 im Schloß Hubertusburg der Friede besiegelt wurde, war Preußen eine europäische Großmacht geworden.

Der kunstsinnige Friedrich II., der seine gekrönten Kollegen in Europa politisch um Hauptesgröße überragte, vereinigte in sich die Eigenschaften eines großen Staatsmannes und aufgeklärten Denkers, eines liberalen Reformers mit denen des Despoten und harten Kriegsherrn.

Im Positiven wie im Negativen zeigte er Größe. Kunst und Wissenschaft gediehen, machten Brandenburg zu einem Zentrum von liberalem Denken, das dem Geist der Aufklärung verbunden war, verbanden es mit der Idee religiöser Toleranz. Hier befand sich der König in der Tradition seiner Väter. Zehntausende von religiös Verfolgten suchten in Brandenburg Schutz und Heimat. Das Wort des Königs, hier könne jeder nach seiner Fasson selig werden, war Ausdruck tiefster Überzeugung, wirkte sich aber auch immens produktiv aus. Verödete Landstriche wurden durch Emigranten nicht nur fruchtbar gemacht, sondern auch bevölkert. Die Binnenkolonisation zog über 60.000 Menschen ins Land, Franzosen, Holländer, Pfälzer, Salzburger, Böhmen u. a. Oder- und Warthebruch wurden urbar gemacht, Sümpfe trockengelegt. 1753 war an der Oder das Werk vollendet, "eine Provinz in Frieden gewonnen". Nach 1763 begann die Entwässerung des neumärkischen Netze- und Warthebruchs. Insgesamt wurden über 100.000 Hektar Nutzland gewonnen. Friedrich ließ planmäßig Kanäle anlegen, die für den Handel von außerordentlicher Bedeutung waren.

Auch das Manufakturwesen erhielt neue Entwicklungsimpulse. Hier standen Spinnereien und Webereien im Vordergrund. Fachleute, Glaubensflüchtlinge, kamen aus Böhmen u. a. nach Nowawes bei Potsdam. Aber auch Kattun-, Seiden- und Porzellanmanufakturen entstanden. Friedrich II. verteilte großzügig Konzessionen und finanzielle Beihilfen, stellte aber auch Gebäude und Produktionsmittel zur Verfügung. Zwischen 1740 und 1760 entstanden allein in Berlin 15 Seidenmanufakturen: 1761 arbeiteten hier 3082 Webstühle.

In Eberswald wurde - nicht ohne Schwierigkeiten - die Messer- und Stahlwarenfabrikation aufgenommen. Der König ließ eine großangelegte Justizreform unter der Leitung des bürgerlichen Juristen Samuel von Cocceji in Angriff nehmen, die die Uneinheitlichkeit und Schwerfälligkeit des Rechtswesens beseitigen und den Richter für sein Amt qualifizieren sollte.

Bereits 1740 war die Folter verboten und der Anwendungsbereich für die Todesstrafe wesentlich eingeengt worden. Die Kodifizierung von Rechtsnormen und des Grundsatzes der Rechtstaatlichkeit eines jeden vor dem Gesetz war eine alte Forderung des aufgeklärten Bürgertums.

In der 2. Hälfte des 18. Jahrhunderts wurden Berlin und Potsdam zu repräsentativen Residenzen ausgebaut. Dem König standen in Knobelsdorf, Boumann, Gontart, Unger u. a. begabte Baumeister zur Verfügung.

Das Geistesleben in Berlin und Potsdam nahm einen bis dahin nicht erlebten Aufschwung. Oper, Theater und Bälle lockten in die brandenburg-preußische Metropole. 1740 wurde die Zensur - leider nur zeitweilig - aufgehoben, Zeitungen und Bücher florierten. Es bildeten sich Lesegesellschaften heraus. Brandenburg wurde zum geistigen Zentrum der Hohenzollernmonarchie. An der Akademie der Wissenschaften waren hervorragende Geister, vor allem Naturwissenschaftler und Mathematiker tätig, der Franzose Pierre Maupertuis z. B. und der Schweizer Gelehrte Leonhard Euler. Der Philosoph Voltaire weilt in Potsdam, und das Berliner aufklärerische Denken wurde von Christoph Friedrich Nikolai und Moses Mendelssohn mitgeprägt. Friedrich II. verstand es auch, begabte und sachkundige Beamte für sich und seinen aufgeklärt-absolutistischen Staat arbeiten zu lassen. Eine Persönlichkeit höchsten Formats fand er in Friedrich Anton von Heinitz, der 1774 an die Spitze des Bergbauministeriums trat.

Bis zum Jahre 1806 veränderte sich wenig in Brandenburg. Erst die Niederlagen Preußens im Koalitionskrieg gegen das napoleonische Frankreich (Jena und Auerstedt) schien auch hier alles auf den Kopf stellen zu wollen. In Berlin, das um 1800 bereits über 150.000 Einwohner zählte, und in andere märkische Städte marschierten die Franzosen ein. Die Mark Brandenburg blieb bis 1808 besetzt. Altpreußen, inzwischen an Haupt und Gliedern reformbedürftig, hatte eine schwere Niederlage hinnehmen und im Tilsiter Frieden vom Juli 1807 über die Hälfte seines Staatsterritoriums abtreten müssen.

Die Mark litt unter der napoleonischen Besatzung. An die Spitze der preußischen Regierung berief der zagende und zaudernde König Friedrich Wilhelm III. (1797-1840) nun den Reichsfreiherrn von und zum Stein, der als entschiedener Anhänger von Reformen galt. Stein war alles andere als ein bürgerlicher Demokrat; gegen alles Revolutionäre hatte er eine tiefe Abneigung. Aber er war Patriot und als solcher der Auffassung, daß von Preußen her die Befreiung Deutschlands von der französischen Fremdherrschaft beginnen müsse. Da alle Bevölkerungsschichten von Kriegsfolgen und Fremdherrschaft betroffen und gegen die französische Eroberungspolitik eingestellt waren, versuchte er, alle Potenzen des Widerstandes zu mobilisieren, was außerordentlich schwierig war, weil er sowohl die französische Besatzungsmacht nicht beunruhigen durfte als auch die ausgesprochen reformfeindliche preußische Adelskamarilla in Schach halten oder umstimmen mußte. Stein und der Schar seiner Anhänger in der Offiziers- und Beamtenschaft war klar, daß moderner preußischer Staat und feudale Verhältnisse nicht zu vereinbaren waren. Deren Ambitionen trafen sich mit den Vorstellungen der heterogenen, bürgerlich-patriotischen Bewegung, fanden vor allem Widerhall in Kreisen nüchtern denkender, preußischer Beamter. Am 9. Oktober 1807 wurde in Preußen und damit in Brandenburg ein Edikt verkündet, das zum einen die ständischen Hemmnisse für Handel, Gewerbe und Grundbesitzerwerb, zum anderen alle feudalen Beschränkungen der persönlichen Freiheit aufhob.

Damit war (ab 11. November 1810) jegliche Gutsuntertänigkeit und Leibeigenschaft - letztere traf für Brandenburg mit ganz wenigen uckermärkischen Ausnahmen nicht zu - beendet. Alle preußischen Untertanen waren nun persönlich freie Staatsbürger. Der Nachfolger Steins, Graf Hardenberg, sah sich veranlaßt, im November 1811 per Edikt zu dekretieren, wie der nun freie Bauer, der sich noch ökonomisch in der Abhängigkeit des Gutsherrn befand, durch Ablösungen in Form von Land oder Geldwert zum freien Eigentümer werden konnte.

Wichtig für die Entwicklung der brandenburgischen Stadt war die im November 1808 erlassene Städteordnung. Die Stadt erhielt ihre innere Selbstbestimmung und -verwaltung zurück. Die Staatsgewalt behielt nur das oberste Aufsichtsrecht und die Polizei- und Justizverwaltung. Die Rechte adliger Herrschaften und Ämter wurden aufgehoben. Das kommunale Wahlrecht erhielten jedoch nur sogenannte steuerzahlende Aktivbürger mit vollem Bürgerrecht, was in vielen Fällen die Mehrheit der Stadtbevölkerung von der kommunalen Mitbestimmung ausschloß.

Dennoch stellte es einen großen Fortschritt dar, daß die Aktivbürger, in der Regel die besitzende Einwohnerschaft, Stadtverordnete wählen konnten, die wiederum aus ihren Reihen den Magistrat kürten. Der Magistrat mußte von der Regierung bestätigt werden, war aber von den gewählten Stadtverordneten, die über Haushaltsplan und kommunale Gelder entschieden, prinzipiell abhängig. So konnten die Stadtverordneten in weitgehend demokratischer Weise auf die städtische Verwaltung und Entwicklung ihres Gemeinwesens Einfluß nehmen, Entscheidungen unabhängig vom Staat, freilich im Rahmen der von ihm erlassenen Gesetze, treffen und ökonomische und innerstädtische Sozialverhältnisse selbst gestalten.

Diese Edikte waren Bestandteil eines Reformwerks, das Preußen, speziell Brandenburg, Anschluß an die moderne kapitalistische Entwicklung in Europa finden ließ und zur Niederringung Napoleons entscheidend beitrug. Der Wiener Kongreß 1814/15 sah Preußen als Siegermacht. In seiner Schlußakte wurden die bedeutenden territorialen Gewinne für den reformierten Staat festgeschrieben: Teile des Königreichs Sachsen (das Gebiet zwischen Wittenberg und Torgau, die Niederlausitz, ein Teil der Oberlausitz und Görlitz), Westdeutsche Gebiete (Rheinland mit Köln, Düsseldorf, Koblenz), Danzig und Posen und den Netzedistrikt.

Mitbedingt durch den erheblichen Gebietszuwachs, freilich auch um die Verwaltung insgesamt zu perfektionieren, wurde im Jahre 1815 die Neugliederung der preußischen Monarchie vorgenommen. Sie wurde in zehn große Verwaltungseinheiten, in Provinzen, gegliedert: Ostpreußen, Westpreußen (später zur Provinz Preußen zusammengefaßt), Pommern, Brandenburg, Schlesien, Sachsen, Westfalen, Niederrhein, Jülich-Kleve-Berg (später mit Niederrhein zur Rheinprovinz vereinigt). An der Spitze der Provinz stand ein vom König ernannter Oberpräsident.

Die Provinzen wurden in von Regierungspräsidenten geleitete Regierungsbezirke eingeteilt, die wiederum in Kreise, an deren Spitze Landräte standen.

Die Provinz Brandenburg, mit Sitz des Oberpräsidenten in Potsdam, setzte sich verwaltungsmäßig aus den Regierungsbezirken Potsdam - hier waren also Provinz und Bezirk teilidentisch - und Frankfurt an der Oder zusammen. Die traditionell zu Brandenburg gehörende Altmark mit Stendal wurde ausgegliedert und der Provinz Sachsen angeschlossen, dafür aber die vom Königreich Sachsen abgetretene Niederlausitz in die Provinz Brandenburg integriert. Diese Struktur hielt sich im wesentlichen bis in das Jahr 1933.

Das 19. Jahrhundert war für Preußens Kernprovinz eine Zeit des wirtschaftlichen Wachstums. In verschiedenen Städten setzte eine zügige Industrialisierung ein, die Dampfmaschine, seit 1838 (Strecke Berlin-Potsdam) auch in der Form des "Dampfrosses", bestimmte das neue kapitalistische Zeitalter. 1830 waren in Preußen 245 Dampfmaschinen in Betrieb, 1849 zählte man bereits 1264. Im Jahre 1844 verfügte der Staat über 861 km Bahnstrecke, 1848 waren es 2363 km. In Berlin, hinter dem Oranienburger Tor, baute August Borsig, der "Lokomotivkönig", seine Loks in Serie, wie Pilze schossen Metallverarbeitungsbetriebe (Egell, Pflug, Schwartzkopf) aus dem märkischen Boden. Neue Produktivkräfte und Verfahrenstechniken setzten sich durch. Straßen wurden gebaut. 1816 besaß Preußen 3162 km Chaussee (davon 209 km in Brandenburg), 1848 nennt die Statistik 11852 km staatliche und 3138 km private Straßen.

Auch in Brandenburg gingen die adligen, aber auch die zahlreicher werdenden bürgerlichen Gutsherren dazu über, industriell zu produzieren, eigene Produkte an Ort und Stelle zu verarbeiten. Es entstanden Zuckerfabriken, Stärkemehlbetriebe und Schnapsbrennereien. Die frühe Industrialisierung verschärfte jedoch auch die sozialen Probleme in der Provinz Brandenburg beträchtlich. Ein Arbeitstag von 11-12 Stunden war der Durchschnitt, einer von 14-16 Stunden keine Seltenheit. Der Lohn reichte bei Arbeitern verschiedener Industriegewerbe kaum aus, um das Existenzminimum zu garantieren. Allerdings verdienten Lohnarbeiter in bestimmten Gewerben, vor allem, wenn sie qualifiziert waren, besser. Bei Borsig konnten sie wöchentlich 8-10 Taler verdienen, während die Gesellen 4 Taler erhielten, ungelernte Arbeiter in Berlin und Potsdam 3 1/2-4 Taler. Einige Unternehmen, so die Firma Borsig, entwickelten um die Mitte des Jahrhunderts ein in Ansätzen soziales Sicherungssystem für die Arbeiter. Gegen einen Beitrag von wöchentlich 2 Groschen erhielten sie bei Borsig im Krankheitsfall 2 Taler die Woche. Auch eine Sterbekasse und eine Unterstützungskasse für Härtefälle wurde eingerichtet. Das größte Elend herrschte - bedingt durch die Weltmarktkonkurrenz - in der Textilproduktion. Die Weber von Nowawes (Babelsberg) bei Potsdam fristeten ein Hungerdasein. Kinderarbeit war gang und gäbe, wurde aber 1839 u. a. auch deshalb weitgehend eingeschränkt, weil Kinder und

Jugendliche infolge arbeitsbedingter Leiden und Erkrankungen wehruntauglich wurden.

Eine Reihe von hervorragenden Persönlichkeiten des Berliner Geisteslebens, vor allem Bettina von Arnim, setzten sich für eine Verbesserung der sozialen Lage der arbeitenden Klassen ein. Der soziale Kontrast war umso größer, als Berlin, Potsdam und eine Reihe anderer märkischer Städte prächtig ausgebaut wurden: Karl Friedrich Schinkel, der große Baumeister des preußischen Klassizismus, schuf seine Meisterwerke, Schadow, Tieck und Rauch waren die Schöpfer großartiger Bildwerke, und Maler wie Franz Krüger, Paul Meyerheim und der junge Adolph Menzel machten von sich reden. Die berlin-märkische Romantik blühte und bereicherte die literarische Kultur: Schelling, die Gebrüder Schlegel, Ludwig Tieck, Schleiermacher, de la Motte Fouqué, Chamisso u. a. Andere Literaten wie E. T. A. Hoffmann, Bettina von Arnim, später Laube, Gutzkow und Willibald Alexis wandten sich Formen bürgerlichen Realismus zu, z. T. auch dem historischen Roman.

Das Musikleben erreichte mit dem Wirken Zelters, Lortzings und Spontinis, zeitweilig auch Mendelssohn-Bartholdys, in Berlin und in der Mark einen Höhepunkt. Philosophie und Wissenschaft waren mit Hegel, den Brüdern Humboldt, Carl Ritter, dem Arzt Hufeland, dem Juristen Savygni und (seit 1840) Jakob und Wilhelm Grimm glanzvoll vertreten. Literarische Salons, Schauspiel und Kunstkritik sorgten für immer neue Themen. In der bürgerlichen Revolution von 1848/49 blieb die Mark Brandenburg - mit Ausnahme Berlins und Potsdams - relativ ruhig. Adel und das kleinstädtische Bürgertum hielten im wesentlichen zu ihrem König. Der Junker Otto von Bismarck brach gar an der Spitze seiner Landarbeiter auf, den bedrohten Monarchen zu retten.

Das Industrie- und Handelsbürgertum der größeren und mittleren Städte Brandenburgs, in vielem liberal und demokratisch gesinnt, versuchte seine politischen Forderungen, vor allem

Freiheits- und Bürgerrechte, energisch durchzusetzen. Seine 36 Abgeordneten in der Frankfurter Nationalversammlung - zu ihnen gehörten Demokraten wie Friedrich Stavenhagen, Johann Jakoby und Adolf Schmidt - forderten aber auch einen einheitlichen deutschen Nationalstaat und eine demokratische Verfassung, die der König Friedrich Wilhelm IV. letztendlich verweigerte. Das 1850 mit der preußischen Verfassung eingeführte Dreiklassenwahlrecht - es galt im Kern auch für die 1853 eingeführte neue Städteordnung - war reaktionär, weil die Stimmabgabe öffentlich und indirekt vor sich ging, mehr noch, weil die Wähler entsprechend der Höhe der von ihnen gezahlten Steuern einer bestimmten Wahlklasse zugeordnet wurden. Da die Wähler der drei Klassen die gleiche Zahl von Wahlmännern zu wählen hatten, in der ersten Abteilung aber ungleich weniger Urwähler als in der zweiten oder gar in der dritten (wo sich die vielen Unbemittelten konzentrierten) ihre Stimme abgaben, entstand ein ungleiches Verhältnis.

Erfolgreicher war das Bürgertum Preußens mit der Durchsetzung einer Justizreform, in deren Folge 1849 Kreisgerichte geschaffen wurden, die allen Staatsbürgern offenstanden. Den Richtern wurden gewählte Schöffen und Geschworene zur Seite gestellt. Der wachsende wirtschaftliche und politische Einfluß des Bürgertums erzwang 1872 eine neue Kreisordnung. Nachdem bereits 1849 die Patrimonialgerichtsbarkeit aufgehoben worden war, erhielten die Kreise analog den Städten die innere Selbstverwaltung. Gutsherren und Lehnschulzen verloren damit alle Rechte, auch die polizeilichen. Die Provinzialordnung Brandenburgs von 1875 regelte die Vertretung der Stadt- und Landkreise im brandenburgischen Provinziallandtag. Die Sitze im Landtag waren nicht mehr vom Grundbesitz der Kandidaten abhängig.

Der brandenburgische Provinziallandtag war gegenüber dem preußischen Abgeordnetenhaus deshalb ein Fortschritt, weil er nicht nach dem Modus des Dreiklassenwahlrechts, sondern direkt, geheim und gleich gewählt wurde.

Mit der "Revolution von oben", über den Weg von Reformen, gelangte Brandenburg als preußische Provinz in das 1870/71 konstituierte Reich, dessen Oberhaupt, der Kaiser, auch Markgraf von Brandenburg blieb.

Innerhalb des 19. Jahrhunderts vergrößerte sich die Bevölkerung der Mark von einer auf 3,1 Millionen. Die "Gründerjahre" direkt nach 1871 und das folgende Jahrzehnt brachten eine gewaltige Expansion des Kapitals, der Banken und der Industrie. Immer neue Aktiengesellschaften, große und mittlere Unternehmen entstanden auch in der Mark, banden Arbeitskräfte an sich. Der Wohnungsbau expandierte, das Geschäft mit den Grundstücken geriet zu einer großangelegten Spekulation. 1881 wurde die aus allen Nähten platzende Hauptstadt Berlin aus der Provinz Brandenburg als eigener Verwaltungsbezirk ausgegliedert. Einschneidend für die Provinz sollte sich die Eingliederung von Teilen Brandenburgs (1920) in das Territorium Berlins erweisen, aus dem nun "Groß-Berlin" wurde. Nicht so sehr der Verlust einiger an Berlin grenzender Gebiete, sondern der damit verbundene Bevölkerungsverlust von 1,9 Mio Bürgern war es, der die Potsdamer Regierung schmerzte. Schließlich fielen knapp zwei Drittel des Steuereinkommens weg.

1933 wurde die Provinz Brandenburg, die eine Gauleitung erhielt, von den Nationalsozialisten gleichgeschaltet. Terrorherrschaft breitete sich auch in Brandenburg aus. Bei Oranienburg entstand 1936 das KZ Sachsenhausen, bei Fürstenberg an der Havel 1938 das Frauen-KZ Ravensbrück.

Im Zweiten Weltkrieg wurden viele märkische Städte schwer zerbombt. Noch mehr Schaden richteten im Frühjahr 1945 die Kämpfe um die Oder und Berlin an. Die Mark Brandenburg wurde von der Roten Armee besetzt. Das Potsdamer Abkommen vom Juli/August 1945 trennte die Neumark östlich der Oder, historisch, politisch und ökonomisch seit Jahrhunderten integraler Bestandteil der Mark Brandenburg, von dieser ab. Brandenburg ging in die Sowjetische Besatzungszone ein.

Auf Grund alliierter Absprachen wurden in Deutschland im Rahmen der vier Besatzungszonen Länder konstituiert. Das war nicht nur eine Verwaltungsmaßnahme, sondern entsprach der deutschen föderalistischen Tradition. Sie war nach den Jahren des Nationalsozialismus, der einen zentralisierten terroristischen Einheitsstaat geschaffen hatte, auch ein immens demokratischer Akt, der mit dem alliierten Konsens zu dezentralisieren übereinstimmte.

In der Sowjetischen Besatzungszone wurden die Länder- und Provinzialstrukturen, wie sie vor 1933 bestanden hatten, im wesentlichen übernommen. Die brandenburgische Provinzialverwaltung entstand unter wesentlicher Mitwirkung der sich konstituierenden demokratischen Parteien, wobei die Sowjetische Militäradministration (SMAD) sich letzte Entscheidungen vorbehielt. Präsident der Provinzialverwaltung Brandenburg mit Sitz in Potsdam wurde im Juli 1945 Karl Steinhoff (SPD), sein Stellvertreter Bernhard Bechler (KPD).

Gravierende politische, ökonomische und soziale Veränderungen, Schulreform, Enteignungen, Bodenreform u. a. m. fanden im Rahmen der fünf Länder bzw. Provinzen der Ostzone statt. Im Herbst 1946 wurden hier demokratische Wahlen in den Gemeinden, Kreisen, Ländern und Provinzen abgehalten. Am 20. Oktober 1946 wurden die Landtage gewählt. Die im Frühjahr aus der Verschmelzung von SPD und KPD hervorgegangene SED erhielt in der Provinz Mark Brandenburg 43,9 Prozent der Stimmen, die CDU 30,6 Prozent, die LDPD 20,6 Prozent, die Vereinigung der gegenseitigen Bauernhilfe 4,9 Prozent. Karl Steinhoff (nun SED) wurde an der Spitze einer Allparteien-(Block-)Regierung Ministerpräsident. Die SED erhielt 17 Ministersitze, die CDU 8, die LDPD gleichfalls 8.

Nach langwierigen Diskussionen nahm der Landtag am 6.2.1947 eine demokratische brandenburgische Landesverfassung an, der die Mark als "Glied der Deutschen Demokratischen Republik" bezeichnete.

Die Verfassung, die u. a. Volksentscheide ermöglichen sollte, geriet sehr bald zur Makulatur. Der Kalte Krieg hatte auch Brandenburg erfaßt. Im Oktober 1949 wurde das Land Bestandteil einer schon bei ihrer Gründung unfreien DDR, die von den zentralistischen Ambitionen der SED-Führung bestimmt wurde. Freie Landtagswahlen fanden nicht mehr statt. Die Volkskammer-, Landtags- und Kreistagswahlen am 15.10.1950 verliefen schon streng nach Einheitsschema und mit dem gewünschten Ergebnis.

Am 11.4.1952 beschloß die Führungsriege der SED, das Politbüro, die Auflösung der fünf Länder der DDR.

"Zur Beseitigung der noch aus der feudalen Zeit überlieferten Gliederung der Länder und Kreise und im Interesse einer besseren Anleitung und Kontrolle der unteren staatlichen Organe werden anstelle der fünf Länder etwa fünfzehn demokratische Gebietsorgane geschaffen, die großen Kreise in zwei oder mehrere Kreise aufgeteilt und die Grenzen der Gebiete und Kreise entsprechend der politischen, wirtschaftlichen, verkehrstechnischen und militärischen Zweckmäßigkeit festgelegt."

So lautete der interne Beschluß, der - undemokratisch zustandegekommen - am 23.7.1952 Gesetzeskraft erhielt. Aus dem alten Lande Brandenburg wurden 3 Bezirke: Potsdam, Frankfurt/O. und Cottbus.

Erst nach der Wende vom Herbst 1989 erhielt Brandenburg eine historische Chance. Am 22. Juli 1990 führte die demokratisch gewählte, letzte Volkskammer der DDR die Länder per

Gesetz wieder ein. Das entsprach dem Volkswillen. Landtagswahlen fanden am 14.10.1990 statt. Aus ihnen ging die SPD, die den Ministerpräsidenten stellte, als Sieger hervor.

Das Dorf und die Städte

Ich habe sie nicht gezählt, die Dörfer des Landes Brandenburg. Wenn man Fontanes "Wanderungen durch die Mark Brandenburg" nicht nur gelesen, sondern - heimatverbunden (oder, wie böse Zungen behaupten: lokalpatriotisch), wie man nun 'mal ist' - auch verinnerlicht hat, dann entdeckt man auf eben des Dichters Spuren, daß die Dörfer der Mark sich in knapp 140 Jahren so sehr gar nicht verändert haben. Oder doch? Nirgendwo in der Welt erschien mir ein Dorf so typisch wie das märkische. Ob Anger- oder Reihendorf, ob an der Havel oder an der Spree, ob zehn km von Brandenburg oder zwanzig von Angermünde gelegen, konnte ich es immer als solches erkennen, und schon aus großer Ferne. Da ist diese seltsame Mischung von aus der Landschaft kommender Ruhe mit dörflichen - tierischen - Geräuschen, da sind die Straßenlinden entlang der kopfsteingepflasterten Dorfstraße, die backsteinerne gotische oder so nachempfundene Dorfkirche, von einer efeuumrankten, zwar feldsteinernen, aber in der Zeit brüchig und lückenhaft gewordenen Friedhofsmauer umrahmt; da versinken die Grabsteine des Gottesackers langsam in den weichen märkischen Sand, gußeiserne Kreuze bekommen Schlagseite, halten sich aber noch wacker; eine alte Frau harkt den schmalen Pfad zur Familiengruft. In der Dorfkneipe, Krug genannt, erhält man vor einer Wirtsstubenkulisse, die garantiert echt, weil seit 1949 (aus Pietät?) nicht mehr renoviert, ein Faßbier, 0,3 l, und die Landes-Bockwurst. Dennoch - nach 15 km Fußmarsch in der Julihitze - ist das die wahre Labsal. Der Wirt, hoch in die Sechzig (nur Bartstoppeln und Trainingshose scheinen jünger), ist ausgesprochen freundlich; eine Katze streicht durchs Gastzimmer. Und wäre ich blind, ich würde das märkische Dorf riechen. Auch der Geruch scheint unverwechselbar.

Von dem Verdacht, sonderlich gepflegt zu sein, muß es freigesprochen werden. Seine Idylle ist melancholische Nachlässigkeit gepaart mit einem erspürten Sinn für Geschichte, ist dörfliche Zivilisation, die Natur nicht erschlagen, die den Menschen nicht gelackt, sein Zuhause nicht sterilisiert und das aus allen Ritzen wuchernde Gras - untersetzt mit dicken Butterblumen - nicht chemisch geregelt hat.

Dies jedenfalls ist das märkische Dorf der Vergangenheit.

Nostalgie ist eine sanfte Krankheit. Doch behüte der Himmel die Mark vor einem Wohlstand, vor Investitionen, die seinem Dorf die Seele herauskurieren. Die, statt Dachrinnen zu reparieren, silberne Wasserspeier schafft, die Blumen im Vorgarten nach Reglement erblühen und alte Fensterkreuze durch kunststoffbeschichtete Panorama-Fenster ersetzen läßt.

Da gab es schon Sünden genug zu Zeiten der DDR, die ein getreues Abbild ihrer Dörfer war. Schöne alte Bauernhäuser verfielen, während ein Stück weiter großklotzige mehrstöckige Bauten auf die märkische Wiese gesetzt wurden. Die paßten wie der Eiffelturm nach Treuenbrietzen.

Was zerbröselte nicht alles. So hatte eben vieles seine Kehrseite, auch im märkischen Dorf. Kein Geld erhielt, kein Geld ruinierte. Finden wir jetzt einen goldenen Mittelweg!?

Die märkischen Dörfer sind in der Regel alt. Vieles ihrer Geschichtlichkeit ist in den letzten Jahrzehnten - Heimatforschung war in der DDR lange Jahre nicht eben gefragt - verlorengegangen, aus der lebendigen Erinnerung verschwunden. Hinzu kam, daß das Dorf auch in der Mark immer mehr zu einer abstrakten Verwaltungseinheit degenerierte, der staatlich eingesetzte Bürgermeister irgendwo vor sich hin residierend, nicht mehr nur für eine, sondern gleich für mehrere Gemeinden verantwortlich war, die Gemeindevertretung, aus skurrilen Kommunalwahlen hervorgegangen, in der Regel nicht sonderlich funktionierte. Bei allem gutem Willen - viele Gemeindevertreter haben, gemessen an den Bedingungen für ihre Arbeit, Enormes geleistet - fehlten mehr noch die kommunale Selbstverwaltungs- und konkrete Handlungsfreiheit als die finanziellen Mittel. Dort, wo privates Wohneigentum vorhanden und Initiative von privatem Geld flankiert war, wurde liebevoll erhalten, wurden Bauernhäuser, Scheunen, ganze Höfe restauriert. Schade nur, daß Geld nicht immer mit Geschmack verbunden ist. So wurde manchmal auch mehr verunstaltet als im Rahmen dörflichen Geistes und bäuerlicher Architektur gestaltet; auch teurer Kitsch macht kaputt.

Zwar wurde von der Staats- und Parteiführung der ehemaligen DDR immer wieder betont, daß im realen Sozialismus der Unterschied zwischen Stadt und Land - gemeint war die Differenz in der Lebensqualität - aufgehoben werde, doch was herauskam, war das Gegenteil. Die Versorgung spottete jeder Beschreibung, der Dienstleistungsbereich verkümmerte, die medizinische Betreuung blieb mangelhaft. Wegen jeder Lappalie mußte der Dorfbewohner in die Kreisstadt, zum Amt, um zu regeln, was früher in der Bürgermeisterei erledigt werden konnte, schwang sich in die Bahn, aufs Rad oder ins Auto, um Besorgungen zu machen, notwendigste Verbrauchsgüter, die der Landkonsum nur vom Hörensagen kannte, herbeizuschaffen. Und Kulturelles war dünn gesät; die mit der Tradition verbundenen Höhepunkte dörflichen Lebens in der Mark, Erntedankfeste, Jahrmärkte, Märkte überhaupt, staatlicherseits bestenfalls geduldet, flachten ab, über Jahrhunderte Gewachsenes wie Schützen-, Heimat- und andere Vereine verkümmerte.

Selbst die dörfliche Kneipenkultur, die Feierabende im "Krug", schwand dahin; Freizeit wurde für viele immer mehr identisch mit Fernsehen. Die Jugend langweilte sich und zog es in großen Teilen vor, in die Großstadt abzuwandern. Dennoch hat es beachtliche Initiativen gegeben, das märkische Dorf lebenswerter zu machen. Da waren die Kirchen, in der Mark war vor allem die evangelische "Junge Gemeinde", die echte Jugendarbeit leistete, die Landjugend mit verschiedenen Angeboten ansprach, da waren viele LPG-Vorstände, die mit einigem Erfolg und ohne staatliche Unterstützung versuchten, etwas auf die Beine zu stellen, im Dorfe hegten und pflegten, Feste organisierten und das Interesse am Gemeinsamen wach hielten. Sich der dörflichen Geschichte in der Mark bewußt zu werden, heißt auch, alte, gewachsene Strukturen, freilich abgestimmt mit den Bedürfnissen der Zeit, wiederherzustellen.

Welche sozialen Strukturen wiesen die märkischen Dörfer aus und wie entwickelten sie sich historisch? Bleiben wir beispielhaft in einem typischen Dorf der Mittelmark, in Basdorf im Kreise Bernau (früher Niederbarnim), im Norden Berlins gelegen. 1302 ist das Angerdorf erstmals urkundlich erwähnt worden, für 1375 werden 38 Hufen, 4 davon gehören dem Pfarrer, und 10 Kossäten ausgewiesen.

1450 wird bereits der "Krug" genannt; das Dorf stellt einen Hirten ein, ein Jahr später - nicht so selten in der Mark, brennt es ab. 1458 scheint alles wieder aufgebaut zu sein, die Chronik berichtet von Richter und Schöffen zu Basdorf, einige Jahre später von Landschöffen. Diese Angaben deuten auf die Entwicklung spätmittelalterlicher Sozial- und Rechtsverhältnisse hin. Interessant bis dahin die Dorfbezeichnung: 1302 Bartoldistorp, 1375 Barstorff, Barstorp, Bartzdorff; 1451 heißt es: Barstorff, 1472 Batstorff. Von 1302-1542 gehört das Dorf zum Herrschaftsbereich des bedeutenden und reichen Klosters Lehnin, das Pacht und Zins zu einem Teil erhebt; daneben, von vor 1375 bis 1476, verfügt die ursprüngliche landesherrliche Burg Biesenthal über Bede (zunächst bei besonderen Anlässen "erbetene", bald regelmäßig von allen Bauern zu entrichtende, direkte Steuer) und Wagendienst (Spanndienst).

Ab 1476 übernimmt die Burg, inzwischen im Besitz derer von Arnim, sämtliche Herrschaft und feudalen Dienste über das Dorf. 1480 bestehen 30 Hufen, für die feudale Pacht und Bede entrichtet wird, wobei der Pfarrer abgabenfrei bleibt, 1527 ist von 53 Hufen die Rede, 1591 von einem freien Lehnschulzengericht ausgestattet mit 6 freien Hufen Land, einem Krüger mit einer Braustätte und einem Pechofen. 1624, der Dreißigjährige Krieg ist im Gange, zählt das Dorf 9 Hufner, 13 Kossäten, einen Hirten und einen Schmied bei 31 Hufen; 1652 werden zwei Schneider erwähnt, 1696 ein Schulmeister. Acht Kossätenstellen seien "wüst", vielleicht noch die Folge des Krieges. Auch das ist typisch für die Mark. 1750 erwähnt der Bericht einen Lehnschulzen mit 6 Hufen, 8 Hufner, 9 bewohnte und 8 unbewohnte, aber genutzte Kossätenhöfe. Die Gemeinde unterhält einen Radmacher, einen Schmied, einen Kuh- und einen Stutenhirt.

Der "Krug" ist inzwischen Erbkrug, die Schmiede Erbschmiede. 1772 findet eine private Wassermühle Erwähnung. All das deutet auf eine solide Entwicklung, eine gewisse Wohlhabenheit hin. 1801 werden 24 "Feuerstellen" unterhalten; 1830 30 Wohnhäuser, 1860 zählt das Dorf eine Post, 4 öffentliche Gebäude, 34 Wohn- und 54 Wirtschaftsgebäude, darunter eine Ziegelei. 1900 sind es 49 Wohnhäuser, 1931 96.

Im Jahre 1860 werden erstmals exakte Zahlen zur Gemarkungsgröße festgehalten: Das Dorf umfaßt 4625 Morgen (144 Mg Gehöfte, 3999 Mg Ackerland, 277 Mg Wiesen, 205 Mg Weide). Bis 1849 untersteht es dem Landgericht Oranienburg, seit 1849 dem Gerichtsdeput (von 1879-1952 Amtsgericht) Oranienburg; verwaltungsmäßig von 1542-1829 dem Amt Mühlenbeck, bis 1872 dem Amt Oranienburg.

1939 bestehen ein Betrieb von mehr als 100 ha, 7 Betriebe von 20 - 100 ha, 6 Betriebe von 5 - 10 ha, 48 Betriebe von 0,5 - 5 ha. Der Boden ist ein leichter, aber durchaus ertragreicher Sandboden. Roggen seit dem 18. Jahrhundert und Kartoffeln gedeihen gut. 1946 werden 26 ha enteignet und an 3 Landarbeiter und landarme Bauern aufgeteilt. 1960 erfolgt die Gründung von zwei LPG (Typ I und III), 1963 werden beide vereinigt. Kirchlich unterstand das Dorf, offensichtlich seit 1574 Tochterkirche des benachbarten Wandlitz, der Inspektion bzw. Superintendentur Bernau, wobei das Patronat zunächst beim Kloster Lehnin, später beim Landesherrn lag. 1734 hatte Basdorf 125 Einwohner, 1840: 269, 1895: 312, 1925: 532, 1939: 1408, 1946 (Zuzug von Flüchtlingen): 2708; 1971 (Zuzug von Angehörigen der Basdorfer Bereitschaftspolizei-Kasernen): 3202. Auch das spricht für eine beachtliche, konkret zu hinterfragende Entwicklung.

Mit seiner wunderschönen spätgotischen Kirche steht Basdorf für das alte mittelmärkische Angerdorf.

Freilich gibt es eine Reihe von jüngeren Gründungen, die von der Form her zumeist Straßendörfer sind. So z. B. ist das im Süden liegende Nachbardorf von Basdorf, Schönwalde, solch ein Straßendorf, ab 1752 unter Friedrich II. planmäßig als Spinnerdorf mit 50 Häusern für 100 Spinnerfamilien errichtet worden. Die Kolonisten kamen zunächst aus Württemberg, Speyer und Pfalz-Zweibrücken. Sie gelangten zu relativem Wohlstand.

Die Hofform in der Mittelmark blieb quadratisch. Die Straßenfront wird von der Längsseite des Wohnhauses gebildet, die Seitenbegrenzungen bildeten in der Regel Stallgebäude, nach hinten wird der in sich geschlossene Hof von der Scheune abgeschlossen.

Die brandenburgischen Städte von Altlandsberg (3000 Einwohner) bis Zossen (6500 Einwohner) sind historisch gewachsene Gemeinwesen. Von Entstehung und Entwicklung, von Strukturen, Formen und dem äußeren Erscheinungsbild her sind sie ähnlich bis grundverschieden, haben aber alle den spezifischen Geist ihres engeren Territoriums in sich aufgenommen und ihn - durch das eigene Wesen gebrochen und angereichert - an die ländliche Umwelt wieder abgegeben. Die Stadt-Land-Symbiose verlief in der Mark unter ländlichem

Vorzeichen, schuf von der Peripherie bis zur Mitte verlaufend einen Kleinstadttyp, in dem sich das Wesen der im Einzugsgebiet lebenden Menschen, ihre Mentalität, Wirtschaftsweise und regionale Kultur, aber auch örtliche Besonderheiten konzentriert und am deutlichsten widerspiegeln. Ackerbau und Handwerk, bäuerische Weltsicht und ländlicher Gewerbefleiß prägten das Gesicht der Kleinstadt, die sie mitunter zur Kreisstadt erhoben, in Wesen und Erscheinung immer blieb. Natürlich hat der Lauf der Zeit vor den Toren der Städte Brandenburgs nicht Halt gemacht, haben moderne Medien, Automobil und sonstige Errungenschaften des technischen Zeitalters zum Umbau der städtischen Gesellschaft beigetragen. Doch noch scheint das Traditionelle, die historische Verwurzelung zu überwiegen.

Die Städte des heutigen Landes Brandenburg sind häufig politisch und ökonomisch motivierte Gründungen im Zuge der deutschen Ostexpansion des 12. und 13. Jahrhunderts. Kulturgeschichtlich sind sie vom Christentum, künstlerisch vom Geist der Romantik, mehr noch von dem der Gotik geprägt worden. Das Material, aus dem die Städte sind, ist der Backstein. Nur im südlichen Teil der Mark, in einigen Landstrichen der vom sächsischen Bauen beeinflußten Niederlausitz, herrscht der behauene Naturstein vor. So groß sakrale und profane Bauten auch sein mögen, die Stadt blieb klein, was einen zuweilen seltsamen Kontrast zu den öffentlichen Gebäuden schafft. Für den Nichtmärker mutet es auch eigenartig an, daß die Ackerstädter vorrangig aus Sicherheitsgründen ihre Scheunen und Scheuern, Backsteindörfer für sich bildend, aus der Stadt ausgegliedert und sie - Altlandsberg unweit Berlins ist ein typisches Beispiel - als eine "tote Stadt" vor den Toren errichtet haben.

In fast allen Städten der Mark findet man Fachwerk, teils mit Lehm, teils mit Ziegelsteinen ausgefüllt; noch heute atmet alles eine gewisse Ruhe und Beschaulichkeit, die dennoch Raum für Gegensätze und Überraschungen bietet. *"Du wirst*

Entdeckungen machen", schrieb Fontane im August 1864 an seinen Leser, *"denn überall wohin du kommst, wirst du, vom Touristenstandpunkt aus, eintreten wie in 'jungfräuliches Land'."* Das gilt auch für den Besuch kleiner und kleinster Städte wie Werneuchen, Zossen, Trebbin, Baruth u. a. m., die laut Fontane zu jenen Orten gehören, *"die sich ohne besonderes Verdienst, in jener kurzen Epoche, die zwischen dem Sandweg und dem Schienenweg lag ... zu einer gewissen Reputation emporarbeiteten".*

Großstädte haben sich im Lande Brandenburg, sieht man - und hier ist die formale Größe das Kriterium - von den Ausnahmen Cottbus und Potsdam ab, nicht herausbilden können. Das lag freilich zuvorderst an einer relativ dünnen Besiedlung der Region, an Wirtschaftsstrukturen, in denen es an Industrie mangelte, und an fehlenden, in einem größeren Zusammenhang zu sehenden Verbindungswegen, wohl aber auch am mangelnden konstitutiven Willen zur Großstadtbildung, der mental und historisch begründet ist. Das Land Brandenburg besitzt auch nur wenige Städte, die als Mittelstädte anzusprechen sind. Sie machen nicht selten den Eindruck von kleinen städtischen Gemeinden, denen Vorstädte angehängt sind, von zu groß geratenen Töchtern, die ihre Mutter um Haupteslängen überragen. In diesen Fällen wird die backsteingotische Stadtkirche, werden Rathaus und Marktplatz von der Stadtrandneubebauung schon optisch vereinnahmt und niedergedrückt, wird historisch Gewachsenes und Unverwechselbares durch austauschbare Geschichts- und Gesichtslosigkeit paralysiert und verdrängt, wird das alte Gütesiegel durch das zweifelhafte Prädikat einer größeren Stadt mit viel Industrie ersetzt.

Freilich setzt diese Art von Kulturkritik falsch an, weil sie vom Ideal einer märkischen Stadt, so wie sie nirgends mehr besteht, aber sein müßte, ausgeht, klemmt die Tatsache weg, daß geschichtliche Gewalten in den Gang der Dinge eingreifen, willkürlich verändern und Notwendigkeiten entstehen, auf die nicht so reagiert werden kann, wie es Genius loci, Geschmack und neuentdeckte Lebensqualitäten auch in Brandenburg gebieten. Zwei Ereignisse haben das Gesicht der kurmärkischen Städte - sieht man von langwirkenden evolutionären Industrialisierungsprozessen und dem Zahn der Zeit einmal ab - gravierend geändert: Dreißigjähriger Krieg und Zweiter Weltkrieg. Hier war es aber nicht nur die entfesselte Kriegsfurie an sich, das zerstörende Element, was das Antlitz der Stadt verwüstete, sondern auch der jeweilige Neuaufbau.

Die Städte Brandenburg, Angermünde, Frankfurt/O., Schwedt und Eberswalde z. B. waren 1648 weitgehend bis total zerstört; was nun folgte, war ein jahrzehntelang währender Aufbau in barocken Formen. Nach der vergleichbaren Verwüstung von 1945 setzte - der Not und anderen Umständen gehorchend - ein schneller, die alten Strukturen ungenügend berücksichtigender Wiederaufbau ein, der im Unterschied zum ersten Fall keine neue Architektur wachsen, sondern die alte durch seelenlose Neubauten und durch das Unvermögen, Überkommenes ausreichend zu pflegen, verkümmern ließ. Es ist ein Skandal, wenn man heute das einst großartige Brandenburg in seiner nur als tragisch zu bezeichnenden Verwahrlosung sieht und erfährt, daß in den letzten 5 Jahren über 200 historische Häuser einfach abgerissen wurden und viele vom gleichen Schicksal bedroht sind.

So unterschiedlich die Städte des Landes Brandenburg auch sein mögen, in einem sind sie sich heute sehr ähnlich: Ihre Bausubstanz ist weitgehend gefährdet; was über Jahrhunderte geworden und gewachsen ist, droht innerhalb kürzester Zeit zusammenzufallen. Was überdauert hat, und dies ist nicht wenig, muß mit viel Liebe und Geduld, freilich auch mit erheblichen Geldsummen, erhalten werden bzw. in alter Schönheit wiedererstehen. Nur die zeitgemäße zivilisatorische Tat könnte verhindern, daß weitere ganze märkische Stadtensembles unwiederbringbar verloren gehen, daß ein Teil deutscher Kulturlandschaft im Nichts und im Namenlosen versinkt.

Im folgenden treten wir eine Wanderung durch die Geschichte und Gegenwart der Kreisstädte des Landes Brandenburg an. Sie stehen nicht nur für die Städte, sondern auch für deren historisches und soziales Umfeld. Sie bleiben bedeutsam, weil von ihnen neues, demokratisch organisiertes Leben, Wirtschaft und Kultur ausgehen wird.

Das Land Brandenburg besitzt 183 größere und kleinere Städte. An dieser Stelle sollen die wichtigsten Städte der Region - es sind die Kreisstädte -, in aller Kürze vorgestellt werden.

Fangen wir an mit **Perleberg** (ca. 15.000 Einwohner), in der waldreichen Westpriegnitz gelegen. Die Landstadt, ursprünglich im Herrschaftsgebiet der Gans Edlen zu Putlitz gelegen, entstand 1150 aus einer Kaufmannssiedlung, die, 50 Jahre später durch eine Marktsiedlung um die Jakobikirche herum zur Stadt erweitert, 1239 als civitas bezeichnet wurde und bereits zu dieser Zeit ein Patriziat besaß. 1275 kam Perleberg an Brandenburg. Das Städtchen, malerisch am kleinen Fluß Stepenitz gelegen, ist nicht arm an Historischem. Sehenswert ist die Stadt-Kirche St. Jakob, ein gotischer Backsteinbau aus dem 14. und 15. Jahrhundert, der 1851 durchgreifend restauriert wurde. Das Rathaus, um 1850 geschaffen, ist neogotisch, vom Vorgängerbau ist noch die mittelalterliche Gerichtslaube erhalten, davor steht der sandsteinerne Roland (1546) als Wahrzeichen der Stadtfreiheit in seiner wehrhaften Rüstung. Von der Burg ist ein Rest erhalten, das sog. Wallgebäude. Ein Backsteinturm, dicht am Fluß, war Teil der einst bemerkenswerten Stadtbefestigung. Da Perleberg im Krieg wenig gelitten hat, sind größere Teile der in der ländlichen Fachwerkbauweise errichteten Wohnhäuser des 15. bis 18. Jahrhunderts erhalten. Sie sind sehenswert. Vor allem ein ehemaliges Kaufmannshaus am Markt (Nr. 4)!

Perleberg besitzt eine örtliche, nach 1945 entstandene Industrie (Fleischkombinat, Molkerei, Holzverarbeitungswerk). In der städtischen Umgebung werden Spezialkulturen, Zierpflanzen (Saatgutgewinnung), Obst und Spargel angebaut. Viele Einwohner arbeiten, da die Stadt nicht über genügend Arbeitsplätze verfügt, im nahen Wittenberge. Die Stadt hat ein Krankenhaus und ein interessantes Heimatmuseum.

Die Kreisstadt **Pritzwalk** (12.000 Einwohner) liegt in der fruchtbaren Hügellandschaft der Ostpriegnitz, in einer breiten Niederung an der Dömnitz. Die regelmäßig angelegte Stadt entstand um 1200 unter der Herrschaft der Edlen Gänse zu Putlitz, die sie an die Brandenburger Markgrafen abtreten mußten. 1256 wurden der Stadt durch den Markgrafen die Stadtrechte bestätigt. Das im 14. Jahrhundert ummauerte Pritzwalk wurde Mitglied der Hanse. Es wurde durch Tuchproduktion und Getreidehandel relativ wohlhabend, was sich u. a. in umfangreichem Landerwerb niederschlug. Im 16./17. Jahrhundert ging ihre Bedeutung zurück. Einen Aufschwung erlebte die Stadt nach 1839 durch eine neue Tuchindustrie. Da die Stadt 1821 fast völlig abgebrannt war, sind aus der Zeit davor außer Resten der alten Stadtmauer nur die gotische Pfarrkirche St. Nikolai (15. Jahrhundert) erhalten. Das Rathaus (1821) ist spätklassizistisch. Der größte Industriebetrieb der Stadt, die ebenfalls ein Heimatmuseum und ein Krankenhaus besitzt, ist ein Zahnradwerk. Kleinere Betriebe (Polstermöbel, Holzverarbeitung, Molkerei und Großbäckerei) sind kaum nennenswert.

Kyritz (10.100 Einwohner) liegt in der Ostpriegnitz an dem Flüßchen Jäglitz. Westlich der Stadt zieht sich die landschaftlich überaus reizvolle Kyritzer Seenkette in einer Länge von 22 km hin. Kyritz, aus dem Herrschaftsgebiet der Herren von Plotho hervorgegangen, wurde nach 1200 Stadt, die regelmäßig angelegt und mit einer Mauer versehen wurde. Die große gotische Stadtkirche (Nikolai-, später Marienkirche) gehörte zum Bistum Havelberg. 1237 erhielt Kyritz (Stendhaler) Stadtrecht, 1245 sogar eine Münze. 1259 ging die Stadt an Brandenburg über, blieb aber - einen schwunghaften Handel u. a. mit Lübeck treibend -, und als Bier- und Tuchproduzent erfolgreich,

Mitglied der Hanse. 1871 wurde hier ein Lehrerseminar eröffnet, 1843 eine Stärkefabrik. Sehenswert sind eine Reihe Fachwerkgiebelhäuser (17. Jahrhundert), die spätgotische backsteinerne Marienkirche und guterhaltene Teile der Stadtmauer. Als ökonomisches Zentrum eines Agrarkreises ist Kyritz durch die Land- und Nahrungsgüterwirtschaft geprägt (Stärkefabrik, Kühlhäuser). Die Stadt unterhält ein Krankenhaus und bislang ein Institut für Lehrerbildung.

Die Stadt *Neuruppin* (25.100 Einwohner) liegt in einer bezaubernden märkischen Waldlandschaft am Nordwestufer des vom Rhin durchquerten, 14 km langen Ruppiner Sees. Die Grafen von Arnstein-Ruppin, über die reichsunmittelbare Grafschaft Ruppin herrschend, gründeten unweit ihrer Stammburg Altruppin nach 1214 die regelmäßig angelegte, bereits 1256 civitas genannte Ortschaft, in die 1246 ein Dominikanerkloster seinen Einzug hielt. Zur gleichen Zeit besaß die Stadt einen Rat, der sich im 16./17. Jahrhundert heftigen Angriffen der Bürgerschaft ausgesetzt sah. Bedeutender Bierexport, Tuchmacherei und Landwirtschaft verhalfen der Stadt, die darüber hinaus vom Durchgangsverkehr auf der Straße Berlin-Hamburg profitierte, zu einigem Wohlstand. Nach dem Aussterben der regierenden Grafen fielen Landschaft und Stadt 1524 durch Erbvertrag an Kurbrandenburg. 1787, unter König Friedrich Wilhelm II., fiel Neuruppin einem verheerenden Stadtbrand zum Opfer. Es wurde in den heute überlieferten regelmäßigen Formen einer in sich geschlossenen, frühklassizistischen Stadt, die einmalig im Land Brandenburg ist, in kurzer Zeit wiedererrichtet. 1829 zählte sie bereits 7.357 Einwohner.

Neuruppin, das im 19. Jahrhundert durch seine Bilderbogen (Gustav Kühn und Öhmige & Riemschneider) weltbekannt wurde, ist der Geburtsort des preußischen Baumeisters Karl Friedrich Schinkel und der Dichter Theodor Fontane und Erich Arend. Einen wirtschaftlichen Aufschwung nahm die Stadt, als der Ruppiner Kanal eine Wasserverbindung zur Havel herstellte. 1905 eröffnete hier eine der ersten deutschen Handfeuerlöscher-Fabriken ihren Betrieb. Seit dem Ende des vergangenen Jahrhunderts ist Neuruppin seiner Lage und Schönheit wegen ein beliebtes Ausflugsziel, zumal es industriell kaum belastet ist. Seine klassizistischen Bauten, deren viele dringend restaurierungsbedürftig sind, vor allem das ehemalige Gymnasium, die Pfarrkirche St. Marien, das Heimatmuseum und eine Reihe von Wohnhäusern, stellen beachtliche Architekturleistungen dar. Die Dominikaner-Klosterkirche (13. Jahrhundert) - sie besitzt einen schönen Altar (um 1400) - ist eine der ältesten Backsteinhallenkirchen der Mark. Alt sind auch zwei Hospitalkapellen (St. Georg und St. Lazarus).

Ein besonderes Schmuckstück Neuruppins ist der von Georg Wenzeslaus von Knobelsdorf 1732-1736 angelegte Tempelgarten mit Figuren des Barock. In den letzten beiden Jahren hat sich in Neuruppin auch gastronomisch einiges getan.

Die nächste vorzustellende Stadt ist *Gransee* (5.500 Einwohner), die inmitten von Äckern und Wiesen liegt. Bereits vor 1250 gründeten die Brandenburger Markgrafen an einer Kreuzung zweier wichtiger Handelsstraßen die Stadt auf regelmäßigem Grundriß. 1262 erhielt Gransee Stadtrecht und in der Folge eine bemerkenswerte Ummauerung. 1319 wurde ein Rat eingesetzt, der 1419 Immediatstellung erlangte. Vom Ende des 13. Jahrhunderts bis 1591 beherbergte die Stadt ein bedeutendes Franziskanerkloster. 1349 trat Brandenburg sie an die Grafen von Ruppin ab, erhielt sie aber nach deren Aussterben zurück. 1316 fand vor den Toren der Stadt eine blutige Schlacht statt, in der der letzte brandenburgische askanische Markgraf Woldemar von einem mecklenburgisch-dänischen Heer geschlagen wurde.

Die Stadt lebte über Jahrhunderte von Handwerk, Landwirtschaft, Bierbrauerei und Durchgangshandel. Als sie 1877 an das Eisenbahnnetz angeschlossen wurde, entstanden kleine Sägewerke, Ziegeleien, aber auch Obst- und Konservenfabriken, Mostereien und Weinkeltereien. Der intensiv betriebene Obstanbau hat sich bis heute erhalten. Auch Spargel findet hier besten Boden. Bereits vor 1945 wurden eine Großmühle und ein Betonwerk errichtet. Trotz mehrerer Stadtbrände im 14. und 18. Jahrhundert besitzt das stille Gransee eine große Anzahl von Sehenswürdigkeiten. Die mittelalterliche Stadtbefestigung ist (u. a. Ruppiner Tor und Pulverturm) sehr gut erhalten. Bemerkenswert schönes Interieur, darunter Flügelaltäre des 16. Jahrhunderts, besitzt die doppeltürmige Marienkirche (13.-15. Jahrhundert). Malerisch liegt die Ruine des Franziskanerklosters aus frühgotischer Zeit (um 1300). Die schlichte Spitalkapelle (13. Jahrhundert) beherbergt das Kreisheimatmuseum.

Als die Gattin des preußischen Königs Friedrich Wilhelm III, Luise, im Schloß Hohenzieritz in Mecklenburg-Strelitz 1810 starb, ruhte ihr Sarg bei der Überführung nach Berlin eine Nacht auf dem Marktplatz der Stadt. An dieser Stelle wurde nach Plänen Schinkels ein neugotisches Denkmal (Sarkophag unter Baldachin) - ausgeführt im Berliner Eisenguß - 1811 errichtet.

Templin (11.900 Einwohner) im äußersten Südosten der Mecklenburgischen Seenplatte besticht als uckermärkische Stadt durch seine harmonische Einbettung in eine liebreizende Wald- und Seenlandschaft. Auf der alten Straße von Berlin nach Prenzlau um 1250 von den brandenburgischen Markgrafen gegründet, wurde Templin 1270 erstmals als Stadt erwähnt. Um größere Unabhängigkeit zu erlangen, lehnte sie sich 1320/25 an die pommerschen und mecklenburgischen Herzöge, die mit Brandenburg jahrelang in Fehde standen, an. Die Anfang des 14. Jahrhunderts ummauerte Stadt blühte durch den Fernhandel auf, geriet aber ins ökonomische Abseits, als sich die Verkehrslage durch Verlagerung der Handelsstraßen änderte.

Als sie am Ausgang des 19. Jahrhunderts an das Eisenbahn- und Wasserstraßennetz angeschlossen wurde, gewann der Fremdenverkehr für Templin an Bedeutung. Viele wohlhabende Berliner Bürger verbrachten hier, wo das berühmte Berliner Joachimsthaler Gymnasium 1912 sein neues Domizil fand und 1906 eine Schule für Privatforstbeamte eröffnet worden war, ihren Lebensabend. Trotz des verheerenden Luftangriffes auf die Innenstadt am 6. März 1944 - sie wurde zu 60 % zerstört - ist die romantische mittelalterliche Stadtmauer mit 3 Toren und 51 Mauertürmen und Wiekhäusern erhalten geblieben. Norddeutschbarock sind Rathaus und Stadtkirche St. Marien (um 1750).

Templin unterhielt einige kleinere Betriebe der Land- und Forstwirtschaft, der Holz- und der Bauindustrie. Es besitzt ein interessantes Volkskundemuseum, eine medizinische Fachschule und ein Lehrerbildungsinstitut.

Prenzlau (22.300 Einwohner), die Hauptstadt der Uckermark, auf dem flachen fruchtbaren Lande gelegen, gehörte einst zu den schönsten norddeutschen Mittelstädten. Am Ufer des Unterueckersees gelegen, versank das 1187 erstmals urkundlich erwähnte Prenzlau fast vollständig in den Feuern des Zweiten Weltkrieges. 1235 hatte der Ort durch den Herzog von Pommern das Stadtrecht erhalten. 1253 und 1275 gründeten Franziskaner und Dominikaner hier Klöster. Seit 1287 wurde an einer Stadtmauer mit 60 Wiekhäusern gebaut. Die Stadt avancierte im 14./15. Jahrhundert zu einer in ihrer Zeit bedeutenden Handelsstadt. Prenzlauer Kauffahrer betrieben einen regen Fernhandel, gelangten auch über den Wasserweg (auf der Uecker bis zur Ostsee) in die großen hansischen Handelszentralen. Seit Mitte des 15. Jahrhunderts ging die Bedeutung der Stadt zurück, nahm aber wieder zu, als 1687 die Hugenotten zuzogen und die Garnison errichtet wurde. 1840 zählte die Stadt, die 1863 eine Fernbahnverbindung (Berlin-Stralsund) erhielt, bereits 10.520 Einwohner. 1840 errichteten Fabrikanten eine Likörfabrik, 1856 eine Eisengießerei und Maschinenfabrik, 1872 die Zuckerfabrik. Um die Jahrhundertwende kamen Produktionsstätten für Zementerzeugnisse, Margarine und Zigarren hinzu. Der bedeutendste Sakralbau der Stadt, die evangelische Hauptpfarrkirche St. Marien, ein großartiges Zeugnis märkisch-norddeutscher Backsteingotik (14. Jahrhundert), ist weit über deutsche Grenzen hinaus bekannt und bewundert worden. Der kolossale, reich gegliederte, mit Stab- und Maßwerk verzierte, 22 m hohe Prachtgiebel des Gotteshauses ist geradezu ein Musterbeispiel norddeutscher Kirchenbaukunst im ausgehenden Mittelalter. Die Kirche, im Zweiten Weltkrieg schwer zerstört, wird seit 1959 wieder aufgebaut. Sehenswert, wie Inseln der Harmonie aus der ansonsten nicht sehr geglückten Neubebauung nach 1945 hervorragend, sind die Feldsteinkirche St. Jakobi (13. Jahrhundert); Sabinen-Kirche, ein flacher Feldsteinbau aus gleicher Entstehungszeit; Dominikaner-Kloster zum Heiligen Kreuz mit der Abteikirche (jetzt Nikolaikirche, 1275 bis 1265); die Franziskaner-Kirche (13. Jahrhundert) und 2 kleine Kapellen des 14. Jahrhunderts. Auch die teilweise erhaltene Stadtmauer mit einem dicken Pulverturm, das eine Sternwarte beherbergende Schwedter Tor, das Blindower und Mitteltor haben das Inferno des Krieges überstanden.

Nordöstlich grenzt die Stadt an den von satten Äckern und Wiesen umgebenen, fischreichen Unter-Ueckersee.

Angermünde (11.600 Einwohner) im seenreichen, fruchtbaren Hügelland der südlichen Uckermark, dem Mündesee nahe, ist traditionelle Agrarstadt. In der politischen Schwerkraft einer um 1170 erbauten, markgräflichen Burg liegend, entwickelte sich ursprünglich eine Siedlung, die - wie man annimmt - 1233 das Stadtrecht erhielt, 1284 civitas genannt, Mitte des 14. Jahrhunderts an das Herzogtum Pommern fiel. 1420 kehrte es zu Brandenburg zurück, betrieb knapp 25 Jahre (1481-1505) eine Münze und wurde - offensichtlich an Bedeutung gewachsen - 1550 Immediatstadt. Der 30jährige Krieg spielte der Stadt, über die die Kriegsfurie mehrmals hinwegfegte, übel mit. Sie übte ein Schattendasein, bis Ende des 17. Jahrhunderts Hugenotten und Pfälzer einwanderten, die ihr durch Bürgerfleiß (Textilhandwerk) ein neues Aufblühen bescherten. Im letzten Drittel des 18. Jahrhunderts entstanden Manufakturen für Garne, Leinen und Halbseide, aber auch Wollwebereien und Strumpfwirkereien.

1817 erhielt das knapp 3.000 Einwohner zählende Städtchen ein preußisches Landratsamt; seit 1843 besteht Bahnverbindung nach Schwedt und Stettin, seit 1863 auch nach Pasewalk. Strecken nach Schwedt und Bad Freienwalde folgten. Bereits 1833 etablierte sich ein Emaillierwerk, 1890 die Molkerei, 1893 ein beachtliches Schlachthausunternehmen. Nach 1945 kamen kleinere Werke der Nahrungsgüterwirtschaft und örtliche bzw. kreisgelenkte Baubetriebe hinzu. Hübsch ist das spätbarocke Rathaus, bemerkenswerter die gotische Marienkirche (13./15. Jahrhundert), ein wichtiges Beispiel einer frühen Stadtkirche, die eine barocke Orgel (1742/44) aus der Werkstatt des in Norddeutschland bekannten Berliner Meisters Joachim Wagner besitzt. Betrachtenswert neben einer Franziskaner-Klosterkirche, die unter Choriner Einfluß im 13. Jahrhundert entstand, sind Heilig-Geist-Kapelle mit ihrem barokken Dachturm in Fachwerkausführung, Heimatmuseum und einige uckermärkische Fachwerk(wohn-)häuser.

Schwedt (53.000 Einwohner) liegt in der östlichen Uckermark, links der breiten Oderniederung an der Hohensaaten-Friedrichsthaler-Wasserstraße. Die Stadt ist von Kiefernwäldern und Oderwiesen umgeben.

Offensichtlich in der Nachfolge einer slawischen Burganlage entstand - vermutlich als ein pommerischer Burgbezirk - nach 1150 eine größere Ansiedlung, aus der die Stadt, 1265 als civitas überliefert, herauswuchs. Bereits 1250 war Schwedt markgräflich-brandenburgisch geworden, kam aber 1354 (bis 1476) noch einmal zurück nach Pommern. Die wahrscheinlich nur mit Palisaden umgebene Stadt blieb in der Abhängigkeit ihrer Grundherrschaft. Erst am Ausgang des Mittelalters scheint sie sich, bedingt durch den starken Durchgangsverkehr, einige wirtschaftliche Geltung verschafft zu haben. 1582 wurde der bedeutsame Oderübergang zwischen Stettin und Küstrin ausgebaut; der Handel florierte, die Stadt erhielt das lukrative Niederlagsrecht. Der 30jährige Krieg machte dem relativen Aufschwung durch totale Zerstörung der Stadt, die von 1689 an hundert Jahre Residenz der Markgrafen von Brandenburg-Schwedt werden sollte, ein Ende. Das großartige barocke Schloß, ab 1670 errichtet, eine Reihe weiterer Palais und der französische Park verliehen Schwedt einen vornehm-höfischen Charakter. Belebung ökonomischer und kultureller Art ging von den Hugenotten aus, die sich hier ansiedelten und die den von nun an wirtschaftsbestimmenden Tabakanbau und die Tabakverarbeitung (1787 Tabakfabrik) in Gang brachten. 1777 war für sie eine barocke Kirche errichtet worden, 1771 hatte ein Operettentheater Premiere. Die 1811 gebaute Schiffbrücke wurde 1837 durch eine feste Oderbrücke ersetzt, 1872 eine Verbindungsbahn nach Angermünde geschaffen. Seit 1914 konnte Schwedt auch den Großschiffahrtsweg nutzen. Die Stadt wurde am 20. April 1945 fast total zerstört (85-90 %). Sie nahm einen gewaltigen Aufschwung, als 1958 bis 1964 die größte Papierfabrik Ostdeutschlands und zur gleichen Zeit das Petrolchemische Kombinat errichtet wurden.

Wie Pilze schossen neue, in Großplattenbauweise errichtete Wohnkomplexe aus dem Boden. Allein von 1959 bis 1975 entstanden 16.000 Wohnungen geringen Komforts. Durch den Wohnungsbau machten sich Werke für Betonerzeugung und Großplattenproduktion notwendig. Schuhfabrik, Fleischkombinat, Molkerei und Tabakanbau setzten die traditionelle Produktion fort. Die Stadt besitzt ein kleines Theater. Von den historischen Bauten sind nur erhalten bzw. wiedererrichtet die Stadtkirche St. Katharinen (spätgotisch, 1887/91 umgebaut, nach Kriegseinwirkung seit 1950 wieder genutzt) und die barocke Französische Kirche (Hugenottenkirche, 1777/79). Die

Stadt ist durch eine Straße mit der Autobahn Berlin-Prenzlau verbunden.

Eberswalde-Finow (49.600 Einwohner), 1970 aus der Vereinigung beider Städte hervorgegangen, liegt im malerisch bewaldeten Eberswalder Urstromtal am Nordrand der Barnimplatte. Ein festes Haus des Brandenburgischen Markgrafen war der Ausgangspunkt für eine Siedlung, die, auf altem Kulturland am Flüßchen Finow errichtet, 1254 Stadtrecht erhielt. Vorgeschichtliche Funde wie der nahe des alten Messingwerkes gefundene Goldschatz eines semnonischen Edlen legen Zeugnis ab von der frühen Besiedlung des Finowtales. Die Stadt wurde wohlhabend als Umschlagplatz für die Fracht aller Oderschiffe, welche die Finow befuhren. Anfang des 14. Jahrhunderts erhielt die Stadt eine Befestigung. Übrigens hieß sie ein halbes Jahrtausend (1307-1877) Neustadt Eberswalde. Sie war schon insofern bemerkenswert, als sie sich seit dem 16. Jahrhundert - bedingt durch die Entwicklung des metallverarbeitenden Handwerks - zum zeitlich ersten Industrieort der Mark entwickelte. 1532 pochten hier zwei Kupferhämmer, die 1603 an die Finow gelegt wurden. Auf dem Kienwerder, einem Stadtteil, entstand ein ganzer Schmiedekomplex: Eisen-, Blech-, Drahthämmer und Messerschmieden. Als 1620 der erste Finowkanal mit seinen 11 Schleusen in Betrieb ging, entwickelten sich an seinen Ufern Ziegeleien, Tuchmachereien und eine bald bekannte Papierfabrik.

Kaum eine Stadt der Mark litt so unter dem 30jährigen Krieg wie Eberswalde. 1635 zählte die einst blühende Stadt noch genau 35 Einwohner. Doch bald wanderten 120 Familien ein, aus Thüringen und dem Rheinland: hochqualifizierte Schlosser, Scheren- und Messerschmiede, auch Feilenhauer.
Die frühindustrielle Produktion, durch den Neubau des Finowkanals (1743/46) gefördert, kam wieder in Gang. 1842 ging die Stadt an das Berlin-Stettiner-Eisenbahnnetz. Sie wurde wieder wohlhabend. Neue Arbeitsplätze entstanden. Viele Rentiers und Beamte -schöne Häuser zeugen davon - bauten

sich am Stadtrand ihr Domizil. 1830 war die preußische Forstakademie nach Eberswalde verlegt worden. Sie entwickelte sich zur renommierten Lehranstalt, verfügte über solche Forstwissenschaftler wie Bernhard Danckelmann (1831-1901). Berühmt wurde die Stadt aber noch mehr durch die Eberswalder Spritzkuchen, ein deftiges Fettgebäck.

Ein Rundgang durch die 1945 von deutschen Bomben (die Sowjetarmee hatte bereits das Zentrum erobert) schwer getroffene Innenstadt führt zu der alten gotischen Backsteinkirche Maria-Magdalena (1260 bis ca. 1320) und zur 1359 erstmals erwähnten Georgenkapelle, führt zum spätbarocken Rathaus (1775) und zur ehemaligen Stadtschule. Bemerkenswert sind eine Reihe von schönen Skulpturen und Brunnen: der Marktbrunnen mit Bronzelöwen von Chr. D. Rauch, Amazonen von F. Stuck bzw. A. Kiß und eine Pantherjagd von J. Franz. Sehenswert sind auch der forstbotanische Garten, ein schön angelegter Tierpark und das Heimatmuseum. Ob die großen Industriebetriebe der Stadt, der Kranbau Eberswalde, das Walzwerk Finow (Bandstahl, Leichtprofile), die chemische Fabrik, der Schiffsarmaturen- und Leuchtenbau auf Dauer überleben werden, bleibt abzuwarten. Das große Fleisch- und Wurstkombinat in Eberswalde-Britz mit seiner Qualitätsproduktion wird sich wohl behaupten.

Bad Freienwalde (11.600 Einwohner) verdankt das "Bad" in seinem Namen dem heilenden Moor, das seit 1840 medizinisch genutzt wird. Gestern wie heute trifft Fontanes Urteil zu:

"Freienwalde ist ein Badeort, eine Fremdenstadt und trägt es auf Schritt und Tritt zur Schau; was ihm aber ein ganz eigentümliches Gepräge gibt, das ist das, daß alle Bade- und Brunnengäste, alle Fremden, die sich hier zusammenfinden, eigentlich keine Fremden, sondern märkische Nachbarn, Fremde aus nächster Nähe sind."

Richtig, die meisten sind Berliner! *"Freienwalde ist kein Roulette- und Equipagenbad"*, fährt der Dichter fort, *"kein Bad des Rollstuhls und des galonierten Bedienten, am wenigsten ein Bad der fünfmal gewechselten Toilette. Der breite Stempel, den die echten und unechten Engländer seit fünfzig Jahren allen europäischen Badeörtern aufzudrücken wußten, hier fehlt er noch, hier ist der komplizierte 'Breakfast-Tisch' noch ein kaum geahntes Geheimnis, hier wird noch gefrühstückt, hier sucht noch kein grüner und schwarzer Tee die alte Herrschaft des Morgenkaffees zu untergraben ..."*

Kurz: die Stadt ist märkisch-gemütlich. 1373 ward sie oppidum, zwei Jahre später civitas genannt. Die Umgebung wurde von dem alten märkischen Geschlecht der Uchtenhagen beherrscht. 1683 entdeckte man einen Gesundbrunnen, immerhin Anlaß für den jungen preußischen König (Friedrich Wilhelm III), hier 1789 ein Schloß mit Park (1822 von P. J. Lenné) zu errichten. 1909 kaufte es der Großindustrielle (AEG) und spätere Reichsaußenminister W. Rathenau.

Die Industrie blieb im wesentlichen vor den Toren des historischen Städtchens: Ein Alaunwerk entstand im 18. Jahrhundert, etwas Möbelindustrie und Meliorationszubehör nach 1945. Gotische Nikolaikirche und barocke Georgenkirche prägen ein freundliches Stadtbild. Das Oderlandmuseum im alten Stadthaus derer von Uchtenhaben (um 1560) mit frühbarocker Fassade und das sogenannte Landhaus (1789, von C. G. Langhans) trugen zur städtischen Harmonie bei.

"Zickenschulze aus Bernau" ist ein sprichwörtliches Unikum, von dem heute niemand mehr so recht weiß, wer er eigentlich war, der Zickenschulze. Klar ist hingegen, daß *Bernau* (16.600 Einwohner) nordöstlich von Berlin an der S-Bahn und im Grünen liegt. Um 1230 wurde es vom "Brandenburger" gegründet, um 1300 erhielt es seine berühmte, heute fast vollständig erhaltene, 1500 m lange Stadtmauer, die den Hussiten - bis hierher kamen sie und nicht weiter - ein unüberwindliches

Hindernis bot. Von nun an ging's bergauf. Ansehen erwarb sich die zeitweilig mächtiger als Berlin scheinende Stadt durch das recht beliebte Bernauer Bier. Der Bernauer Bierwagen ratterte noch im 19. Jahrhundert in Preußens Hauptstadt. Die wundervolle Marienkirche der Stadt, märkisch-backsteingotisch (1519 vollendet), mit einem bemerkenswerten Flügelaltar aus dem Jahre 1520, läßt den verblichenen Reichtum Bernaus erahnen. Seit 1699 ansässige Hugenotten bildeten hier eine Gemeinde; Einwanderer riefen 1752 eine Textilproduktion ins Leben, und Mitte des 19. Jahrhunderts wirkten und webten in zwei Fabriken Arbeiter und viele selbständige Meister zu Hause Tuche und Seidenstoffe (1846: 215 Webermeister, 237 Seidenwirkermeister und -gesellen bei ca. 2.700 Einwohnern). 1842 kam die Eisenbahn. 1930 entstand bei Bernau im Bauhausstil (Architekt Hannes Mayer) die Bundesschule des Allgemeinen Deutschen Gewerkschaftsbundes.

Die Mischwälder um Bernau - besonders steinpilzreich - und die Seen in der Umgebung geben dem Städtchen einen natürlichen Rahmen. Zum Erlebnis können Steintor (originelles Heimatmuseum), Hungerturm und Henkerhaus werden.

Oranienburg (24.400 Einwohner), bis 1652 Bötzow geheißen, ging aus einer um 1200 entstandenen askanischen Wasserburg hervor, die 1232 das erste Mal genannt und 1540 abgebrochen wurde. Kurfürst Joachim II, der die Reformation (1539) in die Mark einführte, baute an gleicher Stelle ein Jagdhaus, doch erst Luise Henriette, die intelligente Gattin des Großen Kurfürsten Friedrich Wilhelm, eine geborene Prinzessin von Oranien - sie verfaßte übrigens eine Reihe qualitätvoller geistlicher Lieder, u. a. "Jesus meine Zuversicht" -, brachte wirklich Neues in die Ortschaft. Zum einen den heute noch zu bewundernden Schloßbau (1651-1655), zum anderen den neuen Namen für das 1350 erstmals als solches erwähnte Städtchen. 1665 wurde ein für damalige Verhältnisse vorbildliches Waisenhaus errichtet, und der Zuzug der Hugenotten und Kolonisten (1718) setzte eine Wirtschaft in Gang, die dann etwas erstaunliche Züge annahm.

Das schöne hochbarocke Schloß, von solchen bekannten Bauherren wie Memhardt und Smids im Stil einer holländischen Schloßanlage erbaut, von Nering und Grünberg umgebaut, von Eosander im Innern gestaltet, wurde zu einer Baumwollfabrik und von 1802-1850 zu einem chemischen Werk umfunktioniert. Hier allerdings experimentierte der berühmte deutsche Chemiker Friedrich Ferdinand Runge, der wichtige chemische Verbindungen (u. a. Phenol und Anilin) aus Steinkohlenteer isolierte und damit eine neue Ära der Farbenchemie einleitete. 1858 zog ein Lehrerseminar (bis 1825) ins Schloß, später Soldaten, die es zur Kaserne machten.

Der Anschluß an das Kanalnetz (Finow- und Ruppiner Kanal, Großschiffahrtsweg), an die Eisenbahn (ab 1877) und die Nähe Berlins schufen günstige industrielle Bedingungen: Chemiefabriken, bis auf den heutigen Tag in Betrieb, entstanden (1885), Produktionsstätten für Schreibfedern, Gasglühlichte (1903), Jutegewebe und Öfen; 1906 auch ein kleines Hüttenwerk.

Im letzten Drittel des vergangenen Jahrhunderts lehrten bekannte Praktiker an der Landwirtschaftsschule (1871) und der Gärtnerlehranstalt (1897). Bereits 1893 war die bekannte Lebensreform-Kolonie "Eden" gegründet worden, die mustergültig Obstbau betrieb und - nomen est omen - zum kleinen Gartenparadies wurde. In unmittelbarer Nähe davon, in Sachsenhausen, zäumten die Nazis 1936 ihr KZ Sachsenhausen ab, das heute eine würdige Gedenkstätte ist. Chemische Betriebe und das Kaltwalzwerk haben Oranienburg nach 1945 vorzeitig altern lassen. Die Stadt erscheint grau in grau. Es gibt viel zu tun im alten Oranienburg, dessen Schloß, bislang im Besitz der Volksarmee, bald wieder im alten Glanz erstrahlen soll.

Auch *Nauen* (12.000 Einwohner) gehört zu den in den letzten Jahrzehnten stiefmütterlich behandelten Städten der Mark. Es entstand an der Straße von Berlin nach Hamburg, genaugenommen im Havelländischen Luch, am Ende des 12. Jahrhunderts. Die 1305 als civitas bezeichnete Stadtgemeinde erlebte so viele Höhepunkte nicht, sieht man einmal davon ab, daß es im 18. Jahrhundert eine starke Garnison erhielt und zum Zentrum eines kleinen, landwirtschaftlich fruchtbaren Gebietes wurde, daß die Eisenbahn 1846 und der Havelländische Hauptkanal an die Stadt herangeführt wurde, die dadurch sogar einen Hafen (1926) erhielt. Der schuf günstige Bedingungen für den Transport von Zuckerrüben, die im Umland prächtig gedeihen. 1889 entstanden hier Europas größte und modernste Zuckerfabrik und wenig später Betriebe für die Produktion von Zigarren (Tabak wird in der Umgebung auch heute noch angebaut) und Landmaschinen. Etwas Internationales entwickelte die Stadt dennoch: 1906 wurde die Großfunkanlage Nauen, deren Sendemasten im flachen Land weithin zu sehen sind, in Betrieb genommen. Kleine Betriebe - "große" Ausnahme ist die Zuckerfabrik -, Großbäckerei, Molkerei, Landtechnikwerk und einige andere prägen die kleinindustrielle Struktur des Städtchens.

Rathenow (32.500 Einwohner) hat als "Stadt der Optik", als "Brillenstadt", durchaus einen guten Ruf. Doch sieht man auch ohne besondere Sehhilfe, daß die Stadt, rechts des schiffbaren Havelflusses und in einer ausgedehnten Waldzone liegend, eine gelungene Symbiose mit der Natur eingegangen ist, obgleich Teile der Stadt, in schweren Artillerie-Duellen vom 25. April bis 6. Mai 1945 in Trümmer gelegt, nach dem Kriege alles andere als schön aufgebaut wurde. Die bedeutende gotische Pfarrkirche, St. Marien und St. Andreas geweiht, ist immer noch nicht voll wiederhergestellt, zeugt aber dennoch von der vergangenen Herrlichkeit einer Stadt, die einerseits aus dem Sitz eines Probstes des Bistums Brandenburg, andererseits aber aus einer den Havelübergang der Straße Brandenburg-Havelberg deckenden marktgräflichen Burg (1216 als Burgwardhauptort bezeichnet) hervorging. Im 14. Jahrhundert ummauerte man die Stadt, für die 1319 eine Münzstätte belegt ist. 1373 erhielt Rathenow vom (Luxemburger) Kaiser Karl IV., der die Mark an sich gebracht hatte, die Gerichtsbarkeit. Schlechter hingegen war die Immediatsstadt dran, als sie im 14. und 15. Jahrhundert - zeitweilig - an lokale Adlige verpfändet wurde. 1733, Hugenotten waren auch hier inzwischen tätig, begann der Aufbau einer Neustadt. Es war geradezu eine Sternstunde für die Stadt (vor deren Toren der Große Kurfürst 1676 die Schweden geschlagen hatte), als ein in seinem Beruf nicht eben erfolgreicher, aber immens unternehmenslustiger Pfarrer, J. H. A. Duncker, im Jahre 1800 ein optisches Werk aufzubauen begann, das 1801 als staatlich (preußische) Konzession für die wissenschaftliche Produktion von Augengläsern auf der von ihm erfundenen patentierten Vielschleifmaschine erhielt.

Dunckers Fabrik wurde 1845 durch den Unternehmer E. Busch mechanisiert und ausgebaut, 1872 in eine Aktiengesellschaft verwandelt. Seit Mitte des 19. Jahrhunderts kamen weitere optische Betriebe hinzu. Die Rathenower kamen zu Weltruhm. Zwei Drittel der arbeitsfähigen Stadt-Bevölkerung war in diesem Produktionszweig tätig: 1930 umfaßte die Rathenower optische Industrie etwa 130 größere und kleinere Betriebe. Viel an Historischem außer Kirche und Stadtmauerreste hat Rathenow nicht zu bieten. Bemerkenswert sind das barocke Denkmal des "Siegers von Rathenow", des Großen Kurfürsten Friedrich Wilhelm (1736/38 vom namhaften J. G. Glume), zum anderen die im Stil des Bauhauses errichtete Siedlung am Friedrich-Ebert-Ring (1928/29). Namensgeber war der erste Reichspräsident der Weimarer Republik. Die Nazis benannten die Straße in Adolf-Hitler-Ring um, nach 1945 hieß er dann wieder Friedrich-Ebert-Ring, nun allerdings nach dem gleichnamigen Sohn des ersten benannt, dem SED-Spitzenfunktionär und Ostberliner Oberbürgermeister. Auch die nach dem Firmengründer J. H. A. Duncker benannten optischen Werke erfuhren ähnliches: Sie erhielten den Namen eines alten KPD- und SED-Getreuen: Hermann Duncker!

Wer von der Stadt **Brandenburg an der Havel** (94.000 Einwohner) spricht, meint zumeist unbewußt auch das Land Brandenburg. Die heute viertgrößte Stadt der Mark hat dem Land den Namen gegeben. So kann Brandenburg sowohl die Stadt als auch das Land sein, ein Brandenburger der Bewohner der Stadt oder des Landes oder gleichzeitig beides. Brandenburg ist aber auch der Hauptort des idyllischen Havellandes. Die Stadt ist alt. An der unteren Havel auf einer Landzunge gelegen, die von den Flußseen Beetzsee, Plauer See und Breitlingsee gebildet wird, ist die von zahlreichen Havelarmen, Kanälen und Gräben durchwirkte Stadt - vom 69 m hohen Marienberg überragt - eine slawische Gründung.

Auf der heutigen Dominsel, in strategisch günstiger Lage, befand sich Brennabor, die Hauptburg der slawischen Heveller. Sie wurde 928/29 vom deutschen König Heinrich I., aus dem sächsischen Geschlecht der Luidolfinger, erobert und von hier aus von seinem Sohn Otto I., dem Großen, ein zwar für die feudale Ostexpansion wichtiges, aber nur kurzlebiges Bistum errichtet. Denn die Slawen lehnten sich auf, eroberten 983 Verlorenes zurück, und ihre stolzen Fürsten herrschten wieder auf der Dominsel. Bis der letzte der Ihren, der Heveller Priebislaw, 1150 starb und der askanische Markgraf der Nordmark, Albrecht der Bär, mit harter Hand den Ort zurückeroberte und sich von Stund an Markgraf von Brandenburg nannte.

Der Orden der Prämonstratenser nahm nun die Dominsel in Beschlag und baute ab 1165 auf, was dem Eiland seinen Namen gab: den Dom Peter und Paul. Er wurde das geistliche Zentrum des wiedererrichteten Bistums, während die weltliche Macht, der Markgraf, sein festes Haus in der entstehenden Stadt, die sich von einer Ackerbürgersiedlung zur "Altstadt" mauserte, seinen Sitz nahm. Südöstlich dieser entstand in der zweiten Hälfte des 12. Jahrhunderts eine Kaufmanns- und Marktsiedlung, die Neustadt. Unter dem wachen Auge und der Oberhoheit der Markgrafen näherten sich beide Städte, von ihm beide bevorrechtet, bis zur Mitte des 13. Jahrhunderts langsam an, bis sie zusammen eine Art Hauptstadt der Mark bildeten. Nach der 1258 erfolgten Teilung jedoch fiel die Altstadt 1260 an die johanneische, die Neustadt an die ottonische Linie der Askanier. Dies behinderte die Vereinigung der Teilstädte, obwohl sie bis in die zweite Hälfte des 14. Jahrhunderts ein gemeinsames Rathaus besaßen, 1431 Mitglied des gegen die Landesherrschaft gerichteten, märkischen Städtebundes wurden und auch gemeinsam, 1470, der Hanse beitraten. Erst 1715 wurden beide Städte vereint. Wenngleich im letzten Weltkrieg 1944/45 von Bomben schwer getroffen und durch Straßenkämpfe verwüstet, haben viele historische Bauten überdauert bzw. wurden nach 1945 wiedererrichtet. Peter und Paul, der Dom, an dem bis 1837 gebaut wurde, besitzt europäischen Rang. Die romanisch-gotische Backsteinbasilika mit reicher Ausstattung (und Domschatz) ist 1962/65 unter Beseitigung von störenden Einbauten des 19. Jahrhunderts durchgreifend restauriert worden. In der romanischen Krypta befindet sich eine Gedenkstätte für von den Nationalsozialisten ermordete evangelische Geistliche, in der Basilika selbst die Grabplatten vieler Bischöfe, Domherren, Kleriker und Adliger, großartige Altäre (Böhmischer Altar, Hochaltar) und Schnitzwerke.

Die Stadtkirchen St. Katharina und St. Gotthard, beide spätgotische Backsteinbauwerke - Katharinen mit reich gegliederten Ziergiebeln -, die Nikolaikirche (um 1200, spätromanische Basilika), die Petrikapelle (13. Jahrhundert) mit einem filigranen spätgotischen Zellengewölbe (13. Jahrhundert), die Jakobskapelle, die Klosterkirchen St. Pauli, ein Hauptwerk klassischer märkischer Backsteingotik, und St. Johannis legen Zeugnis ab von dem hohen gestalterischen Niveau brandenburgischer Sakralbaukunst. Aber auch die Profanbauten, u. a. Altstädtisches Rathaus (1470/80) mit seinen dekorativen Giebelfronten, die trutzigen vier Türme der ehemaligen Stadttore (Rathenower Torturm, Plauer Torturm, Mühlentorturm, Steintorturm), die Gebäude der ehemaligen Gymnasien (Neustädtisches Gymnasium, 1796/97, und Saldria, 1799), von der Familie von Saldern gestiftet, und eine Reihe Bürgerhäuser (15.-19. Jahrhundert) widerspiegeln architektonisches Können und märkischen Bürgerfleiß. Eine Reihe von Bauwerken befindet sich in einem sehr schlechten, kritischen baulichen Zustand. Auf dem Altstädter Markt wacht wie eh und je der steinerne Roland (1474) über die städtischen Freiheiten. Die Fernhandelsstadt beherbergte eine große Judengemeinde, die 1350, 1446 und 1510 auf das schwerste verfolgt wurde. Dennoch herrschte in der Stadt ein reges geistiges und kulturelles Leben. 1598 wurde das Bistum säkularisiert. Kurbrandenburg, inzwischen vom konkurrierenden Berlin aus beherrscht, begann die Stadt an der Havel sichtlich zu vernachlässigen. Das 17. und 18. Jahrhundert war eine Zeit des Niedergangs, der 30jährige Krieg hatte ein übriges getan. Die Residenz sank zur Provinzstadt herab. Wenngleich nach 1685 mit den Hugenotten, die neue Gewerbe und Techniken mitbrachten (Gerberei, Lederverarbeitung), die eine geistig bewegliche, reformierte Gemeinde bildeten, ein ökonomischer Aufschwung begann, konnten die Folgen der Stagnationsperiode erst um 1800 voll überwunden werden.

Immerhin belebte auch die mit dem brandenburgisch-preußischen Absolutismus in die Stadt einziehende Garnison Handel und Wandel. 1717 wurde die bald berühmte Ritterakademie gegründet. Ab 1846 (Linie Berlin-Magdeburg) erhielt die Stadt Anschluß an das Netz der Preußischen Staatsbahnen. Politisch machte sie von sich reden, als hier vom 8. November bis zum 5. Dezember 1848 die aus Berlin geflüchtete preußische Nationalversammlung tagte. Natürlich im ehrwürdigen Dom, der Keimzelle des brandenburgischen Staates. Nach dem Krieg 1870/71 gegen Frankreich setzte die Industrialisierung mit Macht ein. 1871 begründeten die Brennabor-Werke (Motorräder, Fahrräder, Kinderwagen, Autos) ihre Tradition. Weitere Fahrradfabriken, eine Schiffswerft, eine Eisengießerei, Werke für Blechspielzeug, Textilien und Möbel folgten. Die alte Tuch- und Seidenweberei allerdings ging zugrunde. 1913 wurde mit dem Bau des Stahl- und Walzwerkes, nach 1950 erweitert, begonnen.

In den Mitdreißiger Jahren kamen LKW-Bau (Opel) und der Arado-Flugzeugbau hinzu. Aus dem Brennabo-Werk wurde zu DDR-Zeiten ein Traktorenwerk. Traurige Berühmtheit erhielt in der Nazidiktatur das Zuchthaus Brandenburg-Görden.

Die Stadt-Brandenburger sind leidenschaftliche Angler. Fischreiche Gewässer haben sie buchstäblich vor der Haustür. Unter ihnen ist immer noch (und immer wieder) der legendäre Fritze Bollmann, der im Beetzsee angeln wollte und dabei ins Wasser fiel. Man singt sein Lied nach alter Melodie. Für andere Gelegenheiten bieten Theater, Kreisheimatmuseum, aber auch ein vorzügliches Stadt- und Domarchiv geistige Nahrung.

In eine der schönsten märkischen Seen- und Waldlandschaften, zwischen weiten Tälern und sanften Hügeln eingebettet, liegt *Potsdam* (125.000 Einwohner), die Hauptstadt des Landes Brandenburg.

Eine Stadt vor den Toren Berlins wird es trotz großer Tradition und als eine Perle deutscher Kultur nicht einfach haben, sich als politisches und ökonomisches, aber auch als geistiges und kulturelles Zentrum des Bundesstaates behaupten zu können, zumal sie Großstädtisches, wie wir es verstehen, kaum an sich hat und aus gegebenen Umständen dazu verurteilt war, die letzten 40 Jahre im Dornröschenschlaf einer DDR-Bezirksstadt zu verbringen. So waren es einerseits seine Gärten und Schlösser, andererseits - und dies in vielem zu Unrecht - Militarismus und Preußentum, der böse "Geist von Potsdam", die das Image der Stadt mit dem roten Adler im Wappenschild in den letzten Dezennien bestimmten. Vor dem Krieg eine der schönsten Städte Norddeutschlands und eine eng mit Berlin verbundene Landesmetropole, sank die Stadt in die politische Banalität der "Provinz" hinab, und in dem Maße, wie DDR-Offizielle über die gewachsene Bedeutung der Stadt an der Havel, die im Parteideutsch immer schöner, oder "schöner denn je" aus den Ruinen der Vergangenheit emporwuchs, Bericht erstatteten, trat das Gegenteil ein: Trotz beachtlicher Aufbauleistungen und kulturpolitischer Anstrengungen im einzelnen erhielt Potsdam doch insgesamt das Fluidum eines ländlichen Verwaltungszentrums mit Industrieanhang. Aber vielleicht war gerade das eine Bedingung dafür, daß sich die Stadt viel von dem erhalten hat, was sie lieb und anziehend macht.

Potsdam ging aus dem slawischen, bereits 933 erwähnten Ort Poztupimi hervor. Seit dem 12. Jahrhundert läßt es sich als Sitz eines brandenburgischen Burgvogtes nachweisen. Die ursprüngliche Burg, etwa um 1220 durch eine neue ersetzt, markierte das administrative Zentrum von Stadt und Land: An dieser Stelle entstand später das 1945 weitgehend zerstörte Stadtschloß. um diesen festen Punkt herum entwickelte sich eine Siedlung zum 1304 genannten Städtchen, das, 1317 als oppidum, 1345 als civitas bezeichnet, eine Havelbrücke besaß und zunächst durch einen Wassergraben, dann durch eine Mauer gesichert war. Das mittelalterliche Potsdam, unweit der markgräflichen Monopole Brandenburg gelegen, war alles andere als bedeutend. Das von Ackerbau, Fischfang und Handwerk lebende Städtchen, fern aller bedeutenden Handelsstraßen, erhielt einen Wachstumsimpuls erst, als der Große Kurfürst, sich das Ackerstädtchen zu einer Residenz auswählend, Potsdam seit 1673 baulich erweiterte und hier 1664/70 ein barockes Schloß (Baumeister Gregor Memhard) errichtete. Um dieses Zentrum herum entstanden nach 1713 planmäßig neue Straßenzüge. So wuchs bald die erste Neustadt (1721/25) empor, eine zweite (1733/40) und dritte (nach 1740) folgten. In den gleichen Zeiträumen wurde Potsdam zur Garnison ausgebaut.

Mit dem Ausbau zur Residenz belebten sich Handel und Wandel, erreichten Gewerbe und Handwerk eine nie geahnte Blüte. Es entstanden eine Kristallglas-, eine Fayence- und eine Seidenmanufaktur; immer mehr im Ausland angeworbene Handwerker strömten in die Stadt, Holländer vor allem und Hugenotten, denen das "Potsdamer Edikt" des Kurfürsten Friedrich Wilhelm zahlreiche Freiheiten und Privilegien zugesichert hatte, die 1731 unter Friedrich Wilhelm I., dem "Soldatenkönig", eine eigene Kirchen- und politische Gemeinde, die "französische", errichteten.

Seit 1732 entstanden in strenger Regelmäßigkeit das noch heute zu bewundernde, holländische Viertel und seit Beginn des 18. Jahrhunderts eine Reihe öffentlicher Bauten: Französische Kirche (1752/53), großes Militärwaisenhaus (1727) und Große Stadtschule (1739). Das Manufakturwesen, dessen Produktion vor allem auf die Bedürfnisse einer Garnison abgestellt war (Tuche, Ausrüstung, Gewehre), entwickelte sich weiterhin stürmisch. Am Ende der Regierungszeit Friedrich Wilhelm I. bot die Stadt etwa 11.000 Einwohnern ein Zuhause, daneben aber auch ca. 9.000 Soldaten Quartier. Sein Nachfolger, der junge König Friedrich II. (erst später wurde er zum "alten Fritzen"), ließ die Stadt nach den Plänen des begabten Baumeisters G. W. von Knobelsdorf weiter ausbauen, Park und Schloß Sanssouci (1745/47) wurden erdacht und ausgeführt, 1763/69 das Neue Palais. Gleichzeitig schuf städtischer Fleiß eine Reihe bemerkenswert schöner Bürgerhäuser und öffentlicher Bauten (Rathaus, 1753). Eine in sich geschlossene Barockstadt war entstanden, in der Militär und Kunst, am deutlichsten vielleicht in der 1731-1735 von P. Gerlach errichteten Garnisonskirche, dem bedeutendsten Sakralbau des preußischen Barock, eine eigenwillige Symbiose eingegangen waren.

Der Wechsel in das 19. Jahrhundert war für die Stadt noch einmal ein Höhepunkt gärtnerischen und baulichen Schaffens (Neuer Garten mit Marmorpalais, 1787/91). In der ersten Hälfte des 19. Jahrhunderts entstanden klassizistische Palais und schloßartige Bauten, der Park von Sanssouci wurde vom großen Landschaftsbildner Peter Joseph Lenné umgestaltet, und in der Stadt wurden eine Reihe von Kasernen errichtet. Potsdam erhielt immer mehr die Züge einer Militär- und Beamtenstadt, als neue Behörden, u. a. die Kurmärkische Regierung (1809) und die Oberrechnungskammer (1871), hier ihr Domizil bezogen hatten und die erste (preußische) Eisenbahn nach Berlin (1838; 1846 bis Magdeburg weitergeführt) auch die administrative Verbindung zur preußischen Hauptstadt verbesserte.

1830 zählte Potsdam ca. 24.000 Einwohner, 1839 wurde Nowawes (später Babelsberg) eingemeindet. Am Rande der Stadt begann sich der Maschinenbau zu etablieren; u. a. 1838 das erste deutsche (und preußische) Eisenbahnausbesserungswerk (später zogen solche bedeutenden Firmen wie Orenstein & Koppel in die Nähe der Stadt). August Borsig wurde 1841 mit der Anfertigung einer Dampfmaschine und mit dem Bau eines Pumpwerkes, das die Wasserspiele und Fontänen im Park von Sanssouci in Gang halten sollte, betraut. Die Maschine, mit zwei "doppelwirkenden Cylindern", soll - so jedenfalls lautet es im königlichen Auftrag - *"bei möglichster Einsparung von Brennmaterial eine Steigerung von 60 bis 80 Pferden hervorbringen und so konstruiert sein, daß sie für die erstere Kraft mit halber Doppelfüllung des Cylinders zu arbeiten im Stande ist und wobei angenommen wird, daß die Pferdekraft 33.000 Pfund in der Minute ein Fuß hochgehoben beträgt"*. Am 23. Oktober 1842 eröffnete ein zufriedener König (Friedrich Wilhelm IV.) das Wasserspiel. Aus dem großen Terrassenbrunnen vor dem Schloß schoß ein 6,5 cm starker Strahl 36 m empor. Das technische Meisterwerk - in der Form einer Moschee - ist, wenngleich Museum, noch heute funktionstüchtig.

Die kulturell agile Stadt hat viele bedeutende Geister hervorgebracht: Wilhelm von Humboldt, Hermann von Helmholtz, Ernst Haeckel und viele andere; Männer der Wissenschaft, der Kunst und des Militärs (u. a. York von Wartenburg). Hier arbeiteten zeitweilig die Dichter Heine und Storm, die Gelehrten Alexander von Humboldt und Albert Einstein, Pioniere der

Technik (Gebrüder Wright und Hans Grade, der erste deutsche Motorflieger) und Politiker. Andererseits erstarrte die Stadt immer mehr zu einem Symbol von Totalitarismus und Reaktion: Am 21. März 1933 reichten sich am "Tag von Potsdam" Hitler, der endgültig "hoffähig" wurde, und Hindenburg die Hand; 12 Jahre später versank die Barock- und Rokokostadt im Bombenhagel des Zweiten Weltkrieges. Im Juli/August 1945 sollte die zerstörte Stadt noch einmal Schlagzeilen machen: Stalin, Truman und Attlee trafen sich im Schloß Cecilienhof, um das Potsdamer Abkommen zu unterzeichnen. Von 1945 bis 1952 war die schwer zerstörte Stadt Hauptstadt des Landes Brandenburg, um anschließend zu einer Bezirksstadt der DDR degradiert zu werden. Ein moderner Kunstführer kann über das Sehenswerte der neuen Landeshauptstadt detailliert Aussagen treffen.

Gärten und Schlösser, die vielen teils restaurierten, teils unbedingt der Sanierung bedürfenden Bürgerhäuser und Palais des 17.-19. Jahrhunderts, Stadttore, Bürgerschulen und Kirchen, die Denkmäler, Militär- und öffentlichen Bauten machen Potsdam zu einer einzigartigen Sehenswürdigkeit in Norddeutschland. Die Stadt beherbergt die aus der Pädagogischen Hochschule hervorgegangene Brandenburgische Landesuniversität, das ehemalige Deutsche Reichs-, später zentrales DDR-Staats- und jetzt Bundesarchiv, das brandenburgische Staatsarchiv, ein Militärarchiv, ein Filmarchiv, das "Hans-Otto-Theater", die Institute für Astrophysik, für die Physik der Erde, für solarterrestrische Physik, ein Observatorium mit Sternwarte und Einsteinturm (Architekt Erich Mendelsohn, 1920/21), einen meteorologischen Dienst, eine Reihe weiterer wissenschaftlicher Institute (Schiffbau, Ernährungswissenschaft, Getreideverarbeitung, Polymer-Chemie) und sich auflösende Fachschulen. Im Stadtteil Babelsberg liegt nicht nur der englische Park mit seinem im Tudorstil für den Prinzen von Preußen von Schinkel 1833 entworfenen, 1834/49 errichteten Schloß, sondern auch das bekannte Filmgelände. Mit seinen alten UFA-Studios, die einst Weltgeltung besaßen, sieht es einer ungewissen Zukunft entgegen. Auf der beliebten verkehrsfreien Brandenburger Straße in Potsdam wandeln bei schönem Wetter täglich Tausende; wie Pilze sind neue Läden und Cafés aus dem Boden geschossen, man betrachtet, kauft und läßt sich zum Schwätzchen nieder. Großstädtischer Charme wird wohl vor allem hier entwickelt.

Königs Wusterhausen (12.000 Einwohner) und **Zossen** (6.500 Einwohner) sind zwei Kreisstädte, die man in einem Atemzuge nennen kann. Die erste im Nottetal, in waldreicher Umgebung gelegen, die zweite südöstlich von Berlin im Dahme-Spree-Seengebiet, sind sie vom Charakter her sehr ähnlich. Königs Wusterhausen, wohl im 14. Jahrhundert in der Folge eines märkischen Burgbaues entstanden, kam als Wusterhausen in adligen, Mitte des 17. Jahrhunderts in kurfürstlich-brandenburgischen Besitz. Der prachtliebende Friedrich, seit 1701 König in Preußen, ließ die Burg 1696 zum Jagdschloß, so wie es uns heute überkommen und dem Märker liebgeworden ist, ausbauen. Erst jetzt erhielt das Dorf, im 18. Jahrhundert Flecken, seinen Namen. 1935 wurde Königs Wusterhausen Stadt. 1866 war Königs Wusterhausen an die Bahn nach Berlin und Cottbus angeschlossen worden, später (seit 1950 elektrifiziert) an die Berliner S-Bahn. "KW", wie es volkstümlich genannt wird, besitzt einen Sender. Als beliebtes Ausflugsziel ist es volkstümlich geworden.

Zossen entstand im Anschluß an eine Burg der Wettiner, die im frühen 13. Jahrhundert, der Entstehungszeit des Gemäuers, Markgrafen der Niederlausitz waren.

Ende des 13. Jahrhunderts kam die Herrschaft zu den Torgauer Herren, die das Gebiet zusammen mit der 1355 erstmals genannten Stadt an Brandenburg verkauften. Im Schloß Zossen war im 18. Jahrhundert eine Seidenbauanstalt untergebracht. Neben Landwirtschaft und Fischerei unterhielten die Zossener im 19. Jahrhundert einen beachtlichen Gemüseanbau. Auch eine Ziegelei entstand, später etwas Zementerzeugung.

Das Städtchen unterhält heute einige kleinere Betriebe der Elektrotechnik, des Anlagenbaus, der Nahrungs- und Leichtindustrie, ein Trockenwerk und mehrere Gärtnereien. Bemerkenswerte Architektur findet sich auf dem Areal der alten Burg (Torhaus). Schloß (Ende des 16. Jahrhunderts) und barocke Dreifaltigkeitskirche sind die markanten Punkte einer doch recht "weit vom Schuß" liegenden märkischen Kleinstadt.

Fürstenwalde (32.900 Einwohner) hingegen ist für brandenburgische Verhältnisse hochindustrialisiert. Es wurde zu einer Fabrikstadt, als im Jahre 1872 - 19 Jahre vor dem Bau der Bahnverbindung Berlin - Frankfurt/O. - eine Zweigniederlassung der Pintsch AG entstand und mit der Fabrikation von Maschinen, Eisenbahnwagen und Chemikalien begonnen wurde. Nach 1950 bestimmte ein großes Reifenwerk (Pneumant), eine Chemie- und ein Tankanlagenbaukombinat die ökonomische Struktur der Stadt, die durch den Ausbau der Kugelgraphit-Eisengießerei, der Farben- und Lackfabrik und dem Aufbau eines elektronischen Gerätebaus weiter an Bedeutung gewann. Im Mittelalter hatte sich die 1250 vom brandenburgischen Markgrafen auf regelmäßigem Grundriß angelegte, im Zuge der deutschen Ostexpansion entstehende Stadt (1285 "civitas") von Handwerk, Ackerbau und Handel ernährt, zu der eine relativ starke Tuchmacherei trat. Nachdem 1669 der Oder-Spree-Kanal eröffnet worden war, verstärkte sich die Schiffahrt als Wirtschaftszweig. 1354 war die Stadt an das Bistum Lebus übergegangen, 1523 leitete ein Bürgeraufruhr die Reformation ein. Mit der Aufhebung dieses geistlichen Territoriums (1598) kam Fürstenwalde, in dessen stark befestigtem Schloß die Lebuser Bischöfe seit 1385 residierten, an Brandenburg zurück. Die Stadt war zwar immer in der direkten Abhängigkeit der Landesherren verblieben, brachte es aber, trotz zeitweiliger ökonomischer Rückschläge, u. a. durch den Niedergang der heimischen Tuchproduktion bedingt, zu beachtlichem Wohlstand. 1511 entstand das 1945 zerbombte, wiedererbaute, sehenswerte spätgotische Rathaus. Domkirche (ehemalige Lebuser Bischofskirche, spätgotisch, barocker

Turm) und ein um 1700 erbautes Jagdschloß (Baumeister Martin Grünberg), das lange Jahre zweckentfremdet als Getreidespeicher genutzt worden war, Reste der Stadtmauer mit Wassertorturm ("Bullenturm") und einige schöne, stark renovierungsbedürftige Häuser des 18. und 19. Jahrhunderts geben der 1945 weitgehend zerstörten Altstadt ihr Gesicht. In ihren Mauern wurde übrigens der große Baumeister des sächsischen Barock (u. a. Frauenkirche in Dresden), George Baehr, geboren. An der schmalsten Stelle des Berlin-Warschauer Urstromtals gelegen, ist die von Gewässern und märkischen Kiefernwäldern umsäumte Stadt (mit S- und Vorortbahn von Berlin aus leicht zu erreichen) Ausgangspunkt für Ausflüge und Wanderungen.

Die Stadt *Straußberg* (22.200 Einwohner) gewinnt durch ihre märkische Seen- und Waldlage. Nahe Berlins im S-Bahn-Bereich gelegen, ist der Luftkurort beliebtes Ausflugsziel großstadtverdrossener Hauptstädter. An der alten Straße von Wriezen nach Köpenick erbauten die Markgrafen um 1250 eine Burg, aus der Straußberg hervorging. 1254 Stadt, begann nach 1254 der sie und eine nahegelegene Dorfsiedlung einbeziehende Mauerbau. Straußberg schuf sich innerhalb der Barnimer Städte eine starke Rechtsposition: sein Schöppenstuhl war diesen übergeordnet. Der Rat hatte 1418 die Nieder- und Obergerichte gekauft. 1450 war die im 13. Jahrhundert begonnene Pfarrkirche St. Marien vollendet worden. Doch ging die politische Bedeutung der Stadt, in der ein großes Dominikanerkloster bestand, im 16. Jahrhundert zurück, um dann erst wieder im frühen 18. Jahrhundert durch Tuchmacherei und Schuhproduktion, aus der im 19. Jahrhundert eine Schuhindustrie hervorging, einen beträchtlichen Aufschwung zu nehmen. Dies wurde freilich auch mitbedingt durch die Nähe Berlins, in das viele Straußberger mit der Bahn, die 1893 zu ihnen kam (später mit der elektrischen S-Bahn), zur Arbeit fuhren. Schon deshalb verzichtete die Stadt auch nach 1949 auf eine nennenswerte Industrie. Kleine Betriebe des Kraftfahrzeug- und Gerätebaus (Schneepflüge), der elektronischen, der Bau- und

Plastindustrie schufen einige wenige Arbeitsplätze. Da Straußberg nach 1955 zum Standort des Verteidigungsministeriums
der ehemaligen DDR wurde, entwickelte es sich zur Verwal-
tungs- und Kasernenstadt.

Seelow (4.700 Einwohner) ist trotz seiner Winzigkeit die "Metropole" des südlichen Oderbruchs. Die typische Landstadt im
Niederungsgebiet der Oder (im Westen steigt die Landschaft
mit den "Seelower Höhen" zur Ostbrandenburgischen Platte
an) hat traurige Berühmtheit erlangt durch die fürchterlichen
Kämpfe, die vom 16.-18. April 1945 Ort und Umland verwüsteten, als die Rote Armee hier den Oderübergang erzwang. Als
Dorf entstanden, hatte sich die an der Straßenkreuzung Berlin
- Küstrin und Frankfurt/O. - Stettin gelegene Ortschaft - 1278
oppidum genannt - zunächst als Grundherrschaft der Lebuser
Bischöfe, dann seit 1555 als kurbrandenburgisch nicht gerade
stürmisch entwickelt. Das Städtchen betrieb Landwirtschaft.
1828 zählte es 1.790 Einwohner. Erst nach 1945 kamen kleine,
landwirtschaftliche Produkte verarbeitende Betriebe (u. a.
VEB "Oderfrucht"), eine Hähnchenmast und ein Betonwerk in
die Stadt, das ein Bauerntheater sein eigen nennt. Nach 1945
wurde Seelow zu über 75 % im tristen Neubauten-Stil wiedererrichtet, was ihrem Charakter als ländlicher Flecken im
Oderbruch sehr beeinträchtigt hat.

Inmitten der "Seelower Höhen" befindet sich das 1946/47 von
Lew Kerbel konzipierte, monumentale sowjetische Ehrenmal,
das einen bronzenen Sowjetsoldaten zum Zentrum hat. Die
Gedenkstätte wurde 1972 erweitert.

Frankfurt an der Oder (84.000 Einwohner) liegt westlich der
mittleren Oder, am Ostrand der zur Oderniederung abfallenden Lebuser Hochfläche. Ein ehemaliger Teil der Stadt befindet sich, nun als polnische Stadt Slubice, östlich des Grenz-
flusses. Wahrscheinlich 1226 entstand an einer der wichtigsten
transkontinentalen West-Ost-Straßen des Mittelalters, dem
Handelsweg zwischen Frankfurt/Main und Poznan (Posen),

damals ein polnisches Herrschaftszentrum, eine von deutschen Kaufleuten gegründete, von Herzog Heinrich I. von Schlesien planvoll geförderte Siedlung. Die um die Nikolaikirche errichtete Kolonie wurde 1253 unter dem askanischen Markgrafen von Brandenburg Johann I. u. a. durch den Bau von Rathaus und Marienkirche im Süden erweitert. Es entstand eine einheitlich verwaltete, annähernd rechteckige Stadtanlage mit regelmäßiger Straßenführung im Gitterschema. Am nordöstlichen Stadtrand wurde ein Franziskanerkloster (um 1270) gegründet, deren Kirche heute Konzerthalle ist. Die Stadt erlangte zusätzliche Bedeutung, als sich der Nord-Süd-Handelsverkehr von der Ostsee nach Schlesien und Böhmen intensivierte, Frankfurt allmählich zur größten Handelsstadt im nordostdeutschen Raum wurde, das Niederlagsrecht besaß. Im Besitz der strategisch und handelspolitisch immens wichtigen Oderbrücke, gab sich die Stadt eine starke mittelalterliche, 1312 erwähnte Befestigung, mit Lebuser und Gubener Tor im Norden und Süden und dem Brücktor flußseits. Die mit Doppelgraben und Zwischenwall versehene Anlage wurde nach 1648 durch Bollwerke vor den Toren und eine sternförmige Brückenkopfbefestigung am Ostufer der Oder verstärkt. Das Patriziat, vor allem aus Tuchgroßhändlern bestehend, dominierte den Rat, der um 1300 die Obergerichte erwarb, seit 1369 eine Münze betrieb und die Stadt in der Hanse vertrat, der Frankfurt nachweisbar seit 1368 (bis 1515) angehörte. Die Jahrmärkte entwickelten sich zu bedeutenden Handelsmessen, die von Kurfürst Friedrich Wilhelm 1649 ein Privileg erhielten.

Die reich gewordene Stadt - bereits im 14. Jahrhundert hatte sie die Grundherrschaft über mehrere Dörfer erworben - nahm auch einen beachtlichen kulturellen Aufstieg. Mehrere Schulen wurden gegründet, 1502 begann der Buchdruck, 1506 wurde die Universität, die Viadrina, eröffnet. Gegen Ende des 16. Jahrhunderts durch den Handel mit Polen noch einmal eine Blüte erreichend, ging die ökonomische Bedeutung Frankfurts durch den 30jährigen Krieg, der es schwer verwüstete, durch die Verlagerung des Oder-Ostsee-Handels nach Stettin, aber auch durch den viel Verkehr ableitenden Bau des Oder-Spree-Kanals (1669) und den Aufstieg der Leipziger Messe verloren. Auch machte sich die inzwischen starke Berliner Konkurrenz für Frankfurt fatal bemerkbar. Die nach 1685 hierher gezogenen belebten allerdings das gewerbliche Leben. 1669 wurde Frankfurt Garnison.

Empfindlich traf es die Stadt, seit 1815 Sitz der preußischen Regierung für die Neumark und die Niederlausitz, als 1811 die Universität aufgelöst und mit jener in Breslau zusammengelegt wurde. 1830, die Befestigungswerke waren inzwischen niedergelegt worden, zählte Frankfurt 22.063 Einwohner. Von 1842 bis 1877 wurde sie an das weitverzweigte Netz der preußischen Staatsbahn angeschlossen, die Oderdampfschiffahrt setzte 1846 ein. Als Beamten- und Garnisonstadt erfuhr Frankfurt eine nur schwache Industrialisierung (Keramikfabrik, Großdruckerei, Betriebe für Stärke, Möbel und Konserven). Berühmt wurde lediglich die Orgelbauanstalt Sauer. Landmaschinen, Bier, Zigarren und Waffen erweiterten das Produktionsspektrum der Stadt, die, zur Festung erklärt, am 22.4.1945 durch heftigste Artillerieduelle und nachfolgende Brände schwer zerstört wurde. Der Neuaufbau erfolgte unter Verwendung öder Betonmassen. Wiedererstanden sind das spätgotische Rathaus (13. Jahrhundert, 1307/09 umgebaut) mit seinem herrlichen Schmuckgiebel, die Franziskaner-Klosterkirche (13. Jahrhundert, 1516/25 spätgotisch umgebaut). Die großartige Marienkirche, eine der größten und schönsten der Mark, im Kriege zerstört, soll wieder aufgebaut werden. Sehenswert ist auch die älteste Stadtkirche St. Nikolai (13. Jahrhundert), die heutige Friedenskirche. In Frankfurt wurde Heinrich von Kleist 1777 geboren. An der Universität studierten der deutsche Humanist Ulrich von Hutten und die Gebrüder Humboldt.

Eisenhüttenstadt (48.200 Einwohner), seit 1951 aus der märkischen Heide gestampft, 1953 zur "ersten sozialistischen Stadt" der DDR erklärt und Stalinstadt geheißen, verdankt seine Entstehung dem Eisenhüttenkombinat Ost. Ihre Entstehung war getragen von der Idee, für die an Schwer- und Montanindustrie arme DDR eine Verhüttungs- und Hochofenanlage zu schaffen, die mit über die Oder transportierter, schlesischer Kohle aus Polen beschickt werden konnte. Im September 1951 wurde der erste Hochofen angeblasen, weitere fünf und dazugehörige Sinteranlage, Kraftwerk und Kaltwalzstraße folgten. Im weiteren entstand ein Hüttenzement- und ein Plattenwerk, ebenso ein Fleischkombinat mit großer Kapazität. 1961 wurden die Stadt Fürstenberg/O. und die Gemeinde Schönfließ in Eisenhüttenstadt eingemeindet. Dadurch erhielt es einen Binnenhafen und eine Jachtwerft.

Die Teilstadt *Fürstenberg/O.* war als niederlausitzsche Stadt durch den Markgrafen von Meißen, Heinrich den Erlauchten, im Zuge der Sicherung seines Territoriums nach 1250 gegründet worden. Die Chronik nennt sie 1286 als Stadt und Zollstätte, die im 14. Jahrhundert eine Mauer erhielt. Von 1316 bis 1817 gehörte die Grundherrschaft dem reichen Kloster Neuzelle, dessen Abt sich mit dem Rat der Stadt die höhere Gerichtsbarkeit teilte.

Im Dreißigjährigen Krieg, 1635, wurde Fürstenberg selbst kursächsisch und blieb es bis 1815, als nach dem Wiener Kongreß ein Teil Sachsens an Preußen fiel. Das eine Oderfähre betreibende Städtchen, 1830 zählte es 1.686 Einwohner, wurde aus seinem Dornröschenschlaf geweckt, als es an die Eisenbahn (1846) und an den Oder-Spree-Kanal (1896) angeschlossen wurde. Werften, Säge-, Öl- und Getreidemühlen eröffneten ihren Betrieb, 1925 wurde der Oderhafen fertiggestellt. Die Nazis gruben eine unterirdische Chemiefabrik in die märkische Erde; sie beuteten Tausende Kriegsgefangener aus, von denen viele durch die harte Zwangsarbeit ums Leben kamen.

Das in fünf Wohngebiete gegliederte Eisenhüttenstadt erhielt eine für damalige Verhältnisse moderne Infrastruktur: Krankenhaus und Poliklinik mit angeschlossener medizinischer

Fachschule, eine Reihe von gutfrequentierten Kindergärten und -krippen, Theatersaal, ein Hotel, Kulturpark, Feuerwehrmuseum und Freilichtbühne.

Das alte Stadtzentrum von **Guben** (35.900 Einwohner) befindet sich jenseits der Neiße in Polen. Der industrielle Mittelpunkt der geteilten, jetzt anorganisch wirkenden Stadt wird vom großen Chemiefaserwerk beherrscht, das den Namen des in Guben geborenen KPD/SED-Funktionärs und ersten Staatspräsidenten (1949-1960) der DDR, Wilhelm Pieck trug. Die im Krieg schwer zerstörte Stadt besitzt weiterhin ein traditionelles Tuch- und Hutgewerbe und etwas Maschinen-, Bau- und Lebensmittelindustrie. Guben war im Verband niederlausitzscher Städte aus einer 1235 Stadtrecht erhaltenden Siedlung an der Kreuzung zweier Straßen, der Leipzig-Posener und der Görlitz-Frankfurter, hervorgegangen. Benediktinerinnen hatten bereits in der zweiten Hälfte des 12. Jahrhunderts am Westufer der Stadt ein Kloster gegründet, das zum Mittelpunkt der Klosterneustadt wurde. Handwerkliche Tuchproduktion verhalf Guben zu beachtlichem Wohlstand. Das einschlägige Handwerk entwickelte sich im 19. Jahrhundert zu einer starken, überregional bedeutsamen Tuchindustrie, zu der 1822 eine 65 % der deutschen Nachfrage deckende Hutproduktion trat, 1849 die Herstellung von Lederhandschuhen, später auch von Schuhen und Teppichen.

Beeskow (8.300 Einwohner), am schiffbaren Teil der Spree inmitten einer reich bewaldeten und von Seen durchzogenen, etwas hügeligen Landschaft gelegen, entstand im 12. Jahrhundert am Übergang der bedeutenden Fernstraße Leipzig-Frankfurt/Oder über die Spree als Kaufmannssiedlung. Das Territorium gehörte dem Adelsgeschlecht derer von Strehla, die ihre umfangreiche, zur Niederlausitz gehörende Herrschaft durch eine Burg sicherten, sie aber an die Herren von Biberstein abtraten, die sie ihrerseits - 1477 bis 1512 - an den Kurfürsten von Sachsen und danach an den Lebuser Bischof verpfändeten. 1555 kamen Stadt, Territorium und Burg an Kurbrandenburg.

1272 civitas genannt, hatte Beeskow das Münzrecht und 1489 die höhere Gerichtsbarkeit erhalten. 1519 wurde die Burg, Reste sind noch erhalten, zum Schloß umgebaut. Die im 14. und 16. Jahrhundert erbaute bzw. erweiterte Stadtmauer, gut erhalten und mit dem "dicken Turm" (Luckauer Torturm) sehenswert, zeugen von der Wehrbarkeit einer Stadt, die durch Handel, Tuchherstellung und Bierbrauerei zu Wohlstand gelangte. Von der Pfarrkirche St. Marien, eine große, die Stadt überragende, gotische Backstein-Hallenkirche, seit 1945 Ruine, schrieb Fontane:

"Es ist eine der schönsten Kirchen der Mark, und der Efeu, der sich bis in die Spitzbogen emporrankt, scheint zu wissen, was er an ihr hat. Der massive Turm geht in seinem 2. Stockwerk sehr gefällig aus dem Viereck ins Achteck über und eine pyramidenförmige Spitze schließt den ganzen Bau gefällig ab."

1706 erhielt Beeskow Immediatrecht. Es wurde zum Zentrum des Kreises Beeskow-Storkow, zu dem (bis 1920) Ortschaften (u. a. Adlershof, Oberschöneweide, Steglitz im heutigen Berlin) gehörten, die die Kreishauptstädte an Größe und Bevölkerungszahl weit übertrafen. 1840 hatte die Stadt 3406 Einwohner, 1900 4.193 Einwohner (Adlershof 1900: 8.006 Einwohner; Oberschöneweide: 5.850 Einwohner; Steglitz: 21.425 Einwohner). 1911 etablierte sich eine Fabrik für Apparatebau und Feineisenkonstruktionen. Zu Zeiten der DDR entstanden ein Spanplattenwerk und Verarbeitungsbetriebe für landwirtschaftliche Produkte. Tiefer See, Schwielochsee, Ranziger See und Scharmützelsee liegen vor den Toren der Stadt.

Lübben (sorbisch Lubin, 14.100 Einwohner) ist der Hauptort des Spreewaldes. Es entstand in der Nachfolge einer Burg des Markgrafen von Meißen auf einer strategisch wichtigen Spreeinsel, an der die Fernstraße von Leipzig nach Frankfurt/O. vorbeiführte. Bedeutung erhielt die im 14. Jahrhundert ummauerte Stadt, die volle Gerichtsbarkeit besaß, in der zweiten

Hälfte des 15. Jahrhunderts. Sie war Sitz der Meißener Landvögte für die Niederlausitz und Tagungsort ihrer Landstände, außerdem - seit dem 14. Jahrhundert - kirchliche Residenz des Archidiakonus der Niederlausitz im Bistum Meißen. Als Hauptstadt des Markgrafentums Niederlausitz gelangte sie 1635 an Kursachsen und wurde mit der 1666 installierten Oberamtsregierung für die Niederlausitz das Verwaltungszentrum eines kurzlebigen (1657-1738) Fürstentums aus wettinischem Hause: des Fürstentums Sachsen-Merseburg. Verschiedene barocke Gebäude sind die Reste einer Altstadt, die 1945 zu 80 % zerstört wurde, in der Paul Gerhard, der bekannte Kirchenlieddichter ("Nun ruhen alle Wälder", von 1669 bis 1676 wirkte. Die um 1500 entstandene spätgotische Kirche trägt seinen Namen.

1815 kam Lübben an Preußen und verlor seine administrative Bedeutung. Ab 1866 an das Netz der preußischen Staatsbahn angeschlossen, wurde es mehr und mehr touristisches Zentrum, nachdem die traditionelle Leinen- und Tuchweberei eingegangen war. Die Trikotagen- und Pappenfabrik wie auch die spreewäldische Erzeugnisse verarbeitende Konservenindustrie (Gurken und Meerrettich) blieben nach 1945 erhalten. Die Stadt ist Ausgangspunkt für die beliebten Kahnfahrten in den Unter- und Oberspreewald.

Luckenwalde (27.900 Einwohner), nördlich des Flämings, liegt in flacher Niederung am Flüßchen Nuthe. Die Stadt wurzelt wohl in einem an der Jüterbog-Berliner-Straße gelegenen slawischen Burgwall, der eine deutsche Burg, 1216 von erzbischöflich-magdeburgischen Ministerialen erbaut, folgte. Bereits 1285 wird Luckenwalde als oppidum nachgewiesen. 1430 erhielt es Bau- und Handwerksrechte. 1281 war die Grundherrschaft an das mächtige Kloster Zinna (Zisterzienser) gefallen, die Stadt blieb jedoch bis zum Anschluß an Brandenburg (1680) Teil des Erzbistums, später Herzogtums Magdeburg. Der Große Kurfürst, ein resoluter wie kluger Landesvater, siedelte 1684 sächsische Zeugmacher und Strumpfwirker, seine königlichen Nachfolger 1775 Thüringer Tuchwirker an. Deshalb konnte sich die Stadt zu einer märkischen Textilmetropole, in der 1828 die erste Dampfmaschine aufgestellt wurde, profilieren. 1871 begann die Hutproduktion, 1881 die Herstellung von Schrauben, Nägeln und Metallwaren, später auch von Maschinen, Möbeln, Elektroartikeln, Pianos, Papierwaren und Möbeln. Nach 1945 kam die Produktion von Wälzlagern, Beschlägen, Feuerlöschern, Betonelementen und Nahrungsmitteln hinzu. Die Stadt beherbergt zwei Fachschulen (medizinische und pädagogische Fachschulen), eine Kinder- und Jugendsportschule, das Heimatmuseum, einen beachtlichen Tierpark und sogar ein kleines Stadttheater.

Der 42 m hohe Marktturm (13. Jahrhundert) und die spätgotische Johanniskirche (15. Jahrhundert) markieren das historische Zentrum der Stadt. *Belzig* (7.300 Einwohner), das Tor zum Hohen Fläming, bildet mit den es umgebenden Wäldern und Ackerfluren eine harmonische Einheit. Hier scheint die Zeit stehengeblieben zu sein. Die Burg Eisenhardt mit ihrem 33 m hohen Bergfried, die romanische Marienkirche (13. Jahrhundert, 1697, nach Brand, wieder aufgebaut) und verschiedene Häuser des 17. bis 19. Jahrhunderts, kursächsische Postmeilensäule, zwei gotische und eine barocke Kapelle verleihen Städtchen und der erstmals 1161 genannten, ursprünglich askanischen Burg, seit 1298 dem Herzogtum Sachsen-Wittenberg zugehörig, ihren romantischen Reiz. 1815 kam Belzig, so lange kurfürstlich- bzw. königlich-sächsisch, an Preußen. 1269 war die Stadt als oppidum bezeichnet worden und auch schon befestigt gewesen. Die Burg Eisenhardt wurde im 15. Jahrhundert beträchtlich ausgebaut und 1685-1691 zu einem Wohnschloß umgebaut. St. Marien, Sitz eines Prostes, gehörte zum Bistum Brandenburg. Ackerbau, Hopfenanbau und Brauerei, aber auch handwerkliche Tuchproduktion prägten die mittelalterliche Wirtschaft des Städtchens. Um 1800 erstarkte das Schuhmacher- und Leineweberhandwerk, eine Kattunfabrik konnte sich allerdings nicht halten. 1815 erhielt Belzig ein preußisches Landratsamt. Bahnverbindungen entstanden ab

1879. Sie begünstigten die seit 1900 ortsansässigen Ziegeleien, die Stärkefabrik und ein Sägewerk.

Die Stadt besitzt ein Sanatorium für Herz-Kreislauf-Erkrankungen, ein Heimatmuseum und eine in der Burg untergebrachte, gut geführte Jugendherberge. Die landschaftlich schöne Umgebung - Naturschutzgebiete gibt es in unmittelbarer Nähe der Stadt - machen Belzig zu einem lohnenden Ausflugsziel.

Jüterbog (13.200 Einwohner), der Hauptort im Niederen Fläming, ist aus einem 1007 genannten slawischen Dorf und einer deutschen Burg, die nach 1157 als Stützpunkt der Magdeburger Erzbischöfe entstand, hervorgegangen. Östlich der Burg, an der Straße von Magdeburg ins schlesische Glogau, wurde die Stadt planmäßig angelegt und 1174 mit Magdeburger Recht ausgestattet. Noch weiter östlich entstand Anfang des 13. Jahrhunderts eine weitere städtische Siedlung, als Neumarkt bezeichnet. Beide Teile verschmolzen. Bereits 1335 waren sie von einer gemeinsamen Befestigungsmauer umschlossen. Jüterbog emanzipierte sich zur bedeutenden Fernhandels- und Tuchmacherstadt. Der seit 1282 bestehende Rat - 1500 waren in der Stadt 200 Tuchmachermeister tätig - wurde jedoch nicht von den Zünften, sondern von den Kaufleuten beherrscht. Die Gerichtsbarkeit lag beim erzbischöflichen Vogt auf der Burg. Es kam zu bedeutenden Klostergründungen: Zisterzienser-Nonnen (um 1282) und Franziskaner (14. Jahrhundert). Jüterbog erhielt vom 14. Jahrhundert bis 1623 durch mehrfache Zusammenkünfte von Reichsfürsten und sächsischen Ständevertretern überregionale politische Bedeutung.

Der "Mantel der Geschichte" wehte kurzzeitig durch die Gassen der Stadt, als die Tätigkeit des Ablaßpredigers Johannes Tetzel im nicht weit entfernten Wittenberg 1517 Luthers Ablaßthesen provozierte. In der Folgezeit geriet die Stadt immer wieder in territorialpolitische Querelen zwischen Kursachsen und Kurbrandenburg. Das Amt Jüterbog wurde 1635 an Kursachsen abgetreten; bevor es 1815 zu Preußen kam, war es aber auch - historische Episode - 1656-1746 Teil des aus Erbfolgegründen von Sachsen abgetrennten Fürstentums Sachsen-Weißenfels. 1820 zählte die Stadt, die vor allem preußische Beamten- und Garnisonsstadt wurde, 3.720 Einwohner, ein Landrat nahm hier seinen Sitz, und ab 1860 brüllten in nächster Nähe - vom Artillerie- und Truppenübungsplatz her - die Geschütze.

1841 hatte Jüterbog Bahnanschluß (Berlin-Anhalt, später weitere Linien) erhalten. Erst nach 1945 zog Industrie, wenngleich in bescheidenem Umfang, ins Stadtgebiet (Möbel, Papier, Konserven). Bedeutsam sind die historischen Denkmale einer Stadt, die sich weithin spätmittelalterliches und frühneuzeitliches Erbe, z. T. in geschlossenen Strukturen und Ensembles, bewahrt hat.

Von der teilweise erhaltenen Stadtmauer mit Weichhäusern und Mauertürmen sind vor allem die drei erhaltenen Torbauten, von hoher künstlerischer Qualität, nennenswert. Die älteste Kirche, St. Marien (12. Jahrhundert), ist eine spätromanische turmlose Pfeilerbasilika, die größte, St. Nikolai, eine dreischiffige gotische Backstein-Hallenkirche (14./15. Jahrhundert) mit imposantem doppeltürmigem Westbau und reichem Interieur. Sehenswert auch die ehemalige Franziskaner-Klosterkirche (spätgotisch, 1480-1510) und die katholische Pfarrkirche (15. Jahrhundert). Die Profanbauten, u. a. das beeindruckende Rathaus (um 1500) mit einem von Meister Merten vollendeten Gerichtslaubenvorbau, der ehemalige, um 1500 errichtete Abtshof des Klosters Zinna, das mit 1700 datierte Amtshaus (heute Landratsamt) und eine Reihe von Wohnbauten des 18., zumeist aber frühen 19. Jahrhunderts, fordern Aufmerksamkeit. Die Stadt, in deren Mauern jährlich die Jüterboger Heimatspiele stattfinden, besitzt ein Stadtarchiv und ein Heimatmuseum.

Herzberg (8.600 Einwohner) liegt in einer Niederung der Schwarzen Elster am Kreuzungspunkt der Fernverkehrsstraßen Berlin-Dresden und Frankfurt/O.-Leipzig. In grauer Vorzeit befand sich hier wohl eine Kaufmannssiedlung, in deren Nähe die Grafen von Brehna, sächsischer Uradel, eine Burg erbauten und eine Münzstätte betrieben. Die Kaufmannssiedlung wurde zur Keimzelle der Stadt, die, 1298 als oppidum, knapp hundert Jahre später als civitas bezeichnet, zu dieser Zeit bereits mit einer Mauer umgeben war. Spätestens 1423 erhielten die Handwerker nach langjährigen Auseinandersetzungen mit dem Patriziat eine Beteiligung am Rat, der - dies stellte eine demokratische Form dar - bereits 1416 durch einen Großen Bürgerausschuß kontrolliert wurde. 1467 erwarb der Rat die Obergerichte. Im 13. Jahrhundert siedelten sich Franziskaner an, deren Kloster von Augustinern übernommen und 1529 aufgelöst wurde. Tuchmacherei und Töpferei hatten eine besondere Stellung, erbrachten so hohe Gewinne, daß Herzberg nicht nur (1476) Grundherrschaft erwerben, sondern um 1400 eine große Backsteinhallenkirche, St. Marien, erbauen konnte. 1538 wurde eine offensichtlich schon vorher bestehende Lateinschule neu eingerichtet. 1290 war die Stadt an das Herzogtum Sachsen-Wittenberg übergegangen. Mit diesem wurde es 1423 wettinisch-kursächsisch und blieb es, bis die Lausitz 1815 Preußen angeschlossen wurde.

1815 nahm die Verwaltung des preußischen Kreises Schweinitz hier ihren Sitz. 1834 zählte Herzberg 2.673 Einwohner. Erst 1898 erhielt es eine Bahnverbindung. Trotz Industrialisierung (1863 Landmaschinenbau; 1881 Kartoffelstärkefabrik; 1900 Fabriken für chemische Produkte und Armaturen) hielt sich ein handwerklicher Hauptzweig, die Schuhmacherei: 1888 arbeiteten 148 Meister und 200 Gesellen in der Stadt. Nach 1945 kamen zu der genannten die Produktion von Lebensmitteln, Kraftfutter und Baubedarf hinzu.

Das Städtchen besitzt eine Sternwarte und ein Kleinplanetarium, hat eine verhältnismäßig große Bibliothek und eine Freilichtbühne.

Der historische Stadtkern wird geprägt von der Pfarrkirche St. Marien (14. Jahrhundert), einem gotischen Backsteinbau mit interessanten Deckenfresken (15. Jahrhundert) und dem Rathaus der Spätrenaissance (1680).

Luckau (6.700 Einwohner) ist in seinen Wurzeln wohl noch älter. Am Flüßchen Berste gelegen, im Westen und Süden vom Niederlausitzer Landrücken begrenzt, war das Territorium in frühgeschichtlicher Zeit von Slawen besiedelt. Man nimmt an, daß hier die legendenumwobene Volksburg der Lutizer "Liubusua" gestanden hat, bevor im späten 12. Jahrhundert, im Zuge deutscher Landnahme, eine deutsche Burg entstand, die 1302 ausgewiesen wird als landesherrlicher Verwaltungspunkt der Niederlausitz, in dem sich die mittelalterlichen Fernstraßen von Magdeburg nach Glogau und von Frankfurt/O. nach Leipzig kreuzten. 1297 erscheint das offensichtlich schon ummauerte Luckau in den Akten als civitas; schon zuvor war ein Dominikanerkloster gegründet und eine Münze in Betrieb genommen worden. Für 1298 ist ein Rat belegt, der 1403 das Stadtgericht pfandweise, 1497 erblich erwarb. Die Stadt lebte von einem schwunghaften Fernhandel, dem das Niederlagsrecht (1382) förderlich war. Aufkommende Tuchmacherei und Leineweberei, später auch Garten- und Tabakanbau, trugen sichtlich zum Reichtum der Stadt bei, die zeitweilig über eine 22 Dörfer umfassende Grundherrschaft verfügte. 1635 kam Luckau an Kursachsen, 1815 an Preußen.

1840 erfaßte die Statistik 4.177 Einwohner. Sie zeigt, daß Luckau seine günstige ökonomische und verkehrsgünstige Stellung - Bahnanschluß gab es erst ab 1897/98 - nicht bewahren konnte und sich Industrie kaum entwickelte. Sehenswert ist die gut erhaltene mittelalterliche Stadtmauer, die gotische Hallenkirche St. Nikolai (13. Jahrhundert) mit einer bauernbarocken Innenausstattung aus dem 17. Jahrhundert und großer Donat-Orgel (1672/73), die Georgenkapelle (z. Zt. kleine Festhalle), vor allem aber ein schöner, geschlossener Marktplatz mit um 1700 entstandenen barocken Bürgerbauten. Im alten Klostergebäude wurde 1747 ein Zuchthaus eingerichtet, das bis in die Nazizeit als Haftanstalt für politische Häftlinge diente. Prominenter Gefangener war u. a. 1916/18 Karl Liebknecht.

Calau, sorbisch Kalawa (6.800 Einwohner) liegt am Nordostrand des Niederlausitzer Grenzwalls im nördlichen Teil des Niederlausitzer Braunkohlenreviers. Ökonomisch bedeutsam war es bisher durch seine elektrotechnische Industrie, durch Konfektions-, Möbel-, Blechverarbeitungs- und Baustoffindustrie. Traditionell waren hier Tuchmacher- und Leinewebergewerbe zu Hause, vor allem aber auch Schuhmacher, deren Zahl 1806 mit 102 Meistern angegeben wurde. Woll- und Flachshandel standen zeitweilig ebenfalls in Blüte. In den letzten Jahrzehnten ist Calau immer mehr zu einer Wohnstadt für die Beschäftigten der Niederlausitzer Braunkohleförderung degradiert worden. Im frühen 13. Jahrhundert an der Kreuzung zweier Fernstraßen (Luckau-Cottbus und Dresden-Lübben) neben einer Burg der Herren von Eilenburg entstanden, wurde Calau erstmalig civitas genannt und später mit einem Mauerring befestigt.

Kirchlich gehörte es zum Bistum Meißen; ein Erzpriester der Diozöse nahm hier seinen Sitz. 1367 sind Rat und Bürgermeister bezeugt. Anfang des 16. Jahrhunderts erwarben sie die Nieder- und Obergerichte. Die Stadt gehörte zu den vier Städten der Niederlausitz, die nicht einem Grund-, sondern direkt dem Landesherrn unterstanden. 1635 wurde sie kursächsisch, 1815 preußisch. 1864 erhielt die Stadt, die im Krieg zu 80 % zerstört wurde, eine Bahnverbindung nach Falkenberg und Cottbus, 1874 nach Lübbenau und Senftenberg.

Cottbus, sorbisch Chošebuz (125.000 Einwohner), wurde zwischen dem Niederlausitzer Grenzwall im Süden und der Spreewaldniederung im Norden errichtet. 1952 wurde es Bezirksstadt des gleichnamigen DDR-Bezirks und stand für die Braunkohlen- und Energieerzeugung. Die industrielle Palette des 1976 Großstadt gewordenen Cottbus ist recht vielseitig. Traditionell herrschte die Tuchmacherei vor, deren Produktion nach 1945 erweitert fortgeführt wurde. Betriebe der Bekleidungsbranche, der elektronischen, der polygraphischen, der Bau- und Genußmittelindustrie kamen hinzu. Die Stadt beherbergt eine Hochschule für Bauwesen, ein Institut für Lehrerbildung, eine Pädagogische Schule für Kindergärtnerinnen und eine große Zahl von Berufsschulen: im weiteren Bezirkskrankenhaus, ein gut rekonstruiertes Stadttheater im Jugendstil (1908), Tierpark, Planetarium und den weiträumigen, von Fürst Hermann Pückler-Muskau angelegten Schloß- und Landschaftspark Branitz. Im Schloß (1772, 1850 umgebaut) befindet sich ein Museum. 1977 wurde der Grundstein für die Staatliche Kunstsammlung Cottbus mit Exponaten des 20. Jahrhunderts gelegt, im Oktober 1975 die Stadthalle mit 1500 Plätzen eröffnet.

Im Norden (Schmellwitz), im Westen (Ströbitz), vor allem aber im östlich gelegenen Stadtteil Sandow entstanden Neubausiedlungen in Plattenbauweise, recht seelenlose Wohnsilos, die weder der Struktur der Landschaft noch der der Altstadt entsprechen.

Um die Mitte des 12. Jahrhunderts war hier anstelle eines slawischen Burgwalls eine deutsche Burg errichtet worden, auf der ein königlicher Burggraf saß, der den Spreeübergang (Straße Magdeburg-Glogau) kontrollierte. Aus der sich an der Burg bildenden Kaufmannssiedlung entwickelte sich um 1230 eine regelmäßig angelegte, sehr bald mauerbewehrte Stadt. 1290 wurde ein Franziskanerkloster gegründet; ein Erzpriester des Bistums Meißen nahm in der Stadtkirche seinen Sitz, im 15. Jahrhundert wird auch eine Lateinschule genannt.

Bereits 1445 gelangte Cottbus an Kurbrandenburg. Mit einer von Napoleon verursachten Unterbrechung - von 1807 bis 1813 gehörte es Sachsen, Frankfurts Verbündeten, an - blieb die Stadt bei Brandenburg. Und sie profitierte davon. Im Mittelalter hatten sich ihre Bewohner von der Tuch- und Bierproduktion ernährt. Ab 1692 begann eine lukrative Tabakproduktion, Hugenotten zogen 1701 nach Cottbus und brachten neues handwerkliches Wissen und Können, vor allem die Seidenspinnerei, in die Stadt, in der mit Hilfe des Königs kräftig gebaut, 1726/30 die Neustadt errichtet wurde. Bier, Tuche und Tabakerzeugnisse wurden zu begehrten Exportartikeln. Die Tuchproduktion entwickelte die Züge einer Großindustrie. 1816 nahm im Schloß eine Dampfspinnerei ihre Tätigkeit auf. Fabriken für Segeltuch und (1861) Teppiche folgten. Eisenbahnen nach Berlin (1866), Görlitz (1867), Guben (1871) und Frankfurt/O. (1876) machten Cottbus auch zu einem bedeutenden Verkehrsknotenpunkt.

Viele historische Bauten in der Stadt, zu deren Söhnen der hier geborene, große deutsche Landschaftsmaler Carl Blechen (1798-1840) gehört, sind in den 70er und 80er Jahren restauriert worden, so u. a. die Reste der ehemaligen Stadtbefestigung, Spremberger Straße und der Altmarkt mit schönen Bürgerhäusern (17.-19. Jahrhundert), die frühgotische Klosterkirche (14. Jahrhundert), die im 15./16. Jahrhundert errichtete Oberkirche und die barocke, mit den Hugenotten verbundene Schloßkirche (1707/14). 1945 war die Stadt sehr stark zerstört worden. Die Braunkohlentagebauten haben sich ihr bedrohlich genähert.

Forst, sorbisch Barsć, (27.200 Einwohner) in der Niederlausitz, liegt am Westufer der Neiße am Ostrand des Niederlausitzer Braunkohlenreviers. Vor 1150 bestand bereits ein sorbisches Dorf, in dessen Nähe am Übergang der wichtigen Handelsstraße, der Salzstraße (Halle-Glogau), über die Neiße eine Kaufmannssiedlung (mit Nikolaikirche) gebildet wurde. Aus der wuchs auf regelmäßigem Grundriß seit ca. 1265 die Stadt, im 14. Jahrhundert als solche genannt, empor.

Die Wirtschaft der Stadt wurde von dem seit 1418 landesherrlich privilegierten Tuchmacherhandwerk geprägt; 1628 zogen Tuchmacher aus den Niederlanden und aus Schlesien zu. So zählte die Innung 1695 50 Meister.

1635 war die Stadt an Kursachsen gefallen, dessen Kurfürst die Stadt an seinen Minister Graf Brühl vergab. Der richtete im Schloß eine Tuch- und Leinenmanufaktur ein. Als Forst 1815 zu Preußen kam, wurde ab 1840 Buckskin hergestellt und 1844 die erste Dampfmaschine aufgestellt. Die Stadt entwickelte sich zu einer der großen deutschen Textilmetropolen, wurde "deutsches Manchester" genannt. So stieg die Einwohnerzahl beträchtlich (1830: 2.600; 1900: 32.000). 1872 wurde Forst an die Bahnlinie Cottbus und Sorau, später an die nach Weißwasser und Guben angeschlossen. Forst, das heute weniger Einwohner hat als 1900, wurde 1945 zu vier Fünfteln zerstört. Die unorganisch wiedererrichtete Stadt, deren große Sehenswürdigkeit ein über 15 ha großer Rosengarten (ca. 50.000 Rosen, darunter Neuzüchtungen) ist, besitzt außer der Hauptkirche St. Nikolai (15. Jahrhundert, spätgotisch) und barockes ehemaliges Amtshaus (um 1700) keine nennenswerten historischen Bauten mehr. Die Stadt ist auch heute der traditionelle Mittelpunkt der Lausitzer Textilindustrie, die vor allem Tuche fabriziert.

Spremberg, sorbisch Gródk (22.300 Einwohner), liegt im breiten Durchbruchstal der Spree durch den Niederlausitzer Grenzwall. In seiner Umgebung befinden sich südlich und im Westen Braunkohlentagebaue, Brikettfabriken, das Braunkohlenkombinat "Schwarze Pumpe" sowie östlich Lagerstätten von Kupfererzen. In der Stadt selbst arbeiten Textil- und Plastverarbeitungswerke, Bürsten-, Holz- und polygraphische Betriebe sowie ein Wärmekraftwerk (Ortsteil Trattendorf) mit einer Leistung von 450 MW.

Die Stadt entstand unweit einer ebenfalls an einer wichtigen Straßenkreuzung im slawischen Land gelegenen deutschen Burg, die 1272 als Stammsitz der Herren von Spremberg belegt ist. Die Stadt, als oppidum 1301 bezeugt, erhielt erst im 15. Jahrhundert eine feste Stadtmauer. Sie entwickelte sich als Handwerkerstädtchen. Haupternährungsquellen waren Tuchmacherei und Bierproduktion.

Mit der Niederlausitz kam Spremberg 1635 an Kursachsen, wurden von diesem aber durch eine Erbteilung abgespalten und spielte von 1656 bis 1738 eine Rolle als Residenz des so entstandenen Fürstentums "auf Zeit" Sachsen-Merseburg. Der regierende Herzog baute das im 16. Jahrhundert erbaute Schloß zur lokalen Residenz aus. 1815 gelangte Spremberg an Preußen und wurde Kreisstadt. 1831 zählte die Stadt, die 1866/67 an das Bahnnetz angeschlossen wurde, 3638 Einwohner. Der historische Stadtkern, der auf einer Spreeinsel liegt, ist durch Schloß (Barockbau mit älteren, bis auf das Jahr 1290 zurückgehenden Bauteilen), mit spätgotischer Backstein-Stadtkirche und dem Rathaus als solcher bemerkbar.

Senftenberg (30.800 Einwohner), rechts der Schwarzen Elster im Niederlausitzer Braunkohlenabbaugebiet, ist zu einem Anhängsel der Kohleförderung geworden. Das graue Gesicht der Stadt wird bestimmt durch das Braunkohlenkombinat mit seinen Tagebauen und Brikettfabriken. Bereits um 1850 hatte die Braunkohleförderung, nach 1900 im Tagebau betrieben, eingesetzt. Vohrer hatte das noch als idyllisch beschriebene Städtchen (1818: 790 Einwohner) von Landwirtschaft und Bierbrauen gelebt. Senftenberg entstand - 1279 civitas genannt - im Anschluß an eine deutsche Burg des 12. Jahrhunderts, zunächst durch Wälle, später von einer Mauer beschützt, plan- und regelmäßig. 1448 gingen Herrschaft und Stadt an Kursachsen über, das die Burg um 1550 zu einem Schloß und seit etwa 1590 zur Festung ausbaute, die mit allem anderen 1815 zu Preußen kam. Die Senftenberger verfügen über ein Sportzentrum, einen qualitätvollen kleinen Zoo, Heimatmuseum und Stadttheater. An historischen Bauten, die 1945 beschädigt und wiederhergestellt wurden, sind Renaissanceschloß (16. Jahrhundert mit älteren Teilen) und die um 1400 gebaute, spätgotische Stadtkirche nennenswert. Im Süden der Stadt befindet sich in einem ehemaligen Tagebau der mit 12,7 Mio m^3 Wasser angefüllte, für Erholung und Baden genutzte Senftenberger See.

Liebenwerda, Bad (6.800 Einwohner), gelegen in die Niederung des Urstromtales der Schwarzen Elster, entstand im 12. Jahrhundert unter dem Schutz einer den Straßenübergang über den Fluß deckenden Burg der der Markgrafen von Meißen. Ursprünglich Handelssiedlung, wurde Bad Liebenwerda, 1301 als civitas erwähnt, zum Mittelpunkt der Herrschaft der als Ministeriale im meißnischen Dienst stehenden Herren von Eilenburg. Deren Besitz - man nimmt an, daß er im 13. Jahrhundert zur Grafschaft Brehna gehörte - ging mit dieser 1360 an die Herzöge von Sachsen-Wittenberg, die die sächsische Kurwürde innehatten, über und wurde als kursächsischer Amtssitz nach der Teilung des Wettiner Herrscherhauses im Jahre 1485 in zwei Linien ernestinisch. Die Stadt, die sich nur durch Wall und Graben sicherte, niemals durch eine Stadtmauer, verfügte über einen 1558 die Obergerichte pachtenden patrizialischen Rat. Diesem war aber von der Gemeinde 1515 eine eigene Interessenvertretung entgegengestellt worden: die sogenannten Achtmänner. 1528 erfolgte die Reformation und damit die Umwandlung der seit 1366 nachgewiesenen Kirch- zur Lateinschule; die Burg wurde zum landesherrlichen Schloß verändert. Tischlerei und Leinenproduktion bestimmten das handwerkliche Profil der Stadt, die 1815 preußisch wurde. 1836 beherbergte sie 1.791 Einwohner. Eine Bahnlinie wurde 1874 eröffnet.

1887 gründete der Unternehmer R. Reiß eine sehr bald Weltgeltung erlangende Fabrikation von Meß- und Zeichengeräten. Es folgten Sägewerk und Möbelfabrik und seit 1910 ein neuer Wirtschaftszweig: Baumschulen. Seinen Ruf als Bad verdankte die Stadt einem 1905 errichteten Eisenmoorbad. Das Schloß mit seinem mächtigen, Lubwart genannten Backsteinturm (16. Jahrhundert), die Nikolaikirche (spätgotisch, 14./15. Jahrhundert, 1513 restauriert) und das klassizistische Rathaus (1800) sind gut erhalten.

Der Spaziergang durch wichtige Städte des Landes Brandenburg hat - nicht nur beiläufig - auf Sehens- und Erlebenswertes hingewiesen. Naturgemäß stand dabei Historisches im Vordergrund. Auf dieser Wanderung konnten eine Reihe markbrandenburgischer Kleinodien nicht erfaßt werden.

Sie alle zu berücksichtigen, wäre unmöglich. Dennoch soll der Versuch gemacht werden, auf einiges Unverzichtbare hinzuweisen.

Erlebenswert: Brandenburgische Klöster und Schlösser außerhalb der Städte

Wer ein Land über den Einstieg in seine Geschichtlichkeit kennenlernen will, wird an den kirchlichen Bauten Brandenburgs, vor allem seinen Klöstern, nicht vorbeikommen. Sie waren nicht nur geistliche, sondern im Mittelalter auch politische und administrative Zentren von Rang. In Brandenburg haben die Zisterzienser, von Frankreich kommend, im 12. Jahrhundert mit der Urbanisierung der Mark begonnen und diese nachhaltig geprägt. Diese nach strengen Ordensregeln weitgehend asketisch lebenden Mönche leisteten eine beachtliche zivilisatorische Arbeit und Vorbildliches bei der rationellen Bewirtschaftung des Landes. Sie rodeten systematisch Wald, legten Sümpfe trocken und bearbeiteten das so gewonnene Kulturland nach den damals neuesten Methoden. Sie führten u. a. den Weinbau in die Mark ein, brachten neue Obstsorten, vor allem aber wertvolle Rinder- und Schafsarten ins Land. Da ihnen ihre Ordensregeln jegliche Prachtentfaltung verbot und beim Bau der Klöster als Material der rote Backstein zur Verfügung stand, wuchsen aus dem märkischen Sandboden zunächst backsteinromanische - später gotische - Klostergebäude empor, die in ihrer strengen Schönheit und Schlichtheit mit der märkischen Natur harmonierten, mit ihr zu einer unverwechselbaren Kulturlandschaft verschmolzen.

Mit zu den ältesten, relativ gut erhaltenen Klöstern zählt *Zinna*, nordöstlich von Jüterbog, 1170 gegründet. Mit einer bemerkenswerten spätromanischen Klosterkirche (um 1230 begonnen), mit Klausur, Siechen- und Gästehaus und neuer Abtei gibt es ein Bild von einer frühen zisterziensischen Klosteranlage. Vom Kloster *Lehnin*, unweit Potsdams, 1180 gegründet und sehr bald Hauskloster und Begräbnisstätte der märkischen Askanier geworden, sind die zwischen 1190 und 1270 errichtete Klosterkirche - einer der ältesten deutschen Backsteinbauten -, Ostflügel der Klausur und des Kreuzganges, neues Abtshaus und einige Wirtschaftsgebäude des 14. und 15. Jahrhunderts auf uns gekommen.

Schönster Bau bleibt jedoch die großartige backsteingotische Ruine des Klosters *Chorin*, neun Kilometer nordöstlich Eberswaldes gelegen. Das einmalig schöne, reich gegliederte Westwerk der gotischen Klosterkirche (begonnen 1273) macht die Choriner Abteikirche zum ausgereiftesten Werk der märkischen Backsteingotik. Als Tochterkloster von Lehnin gegründet, war es Hauskloster der Johanneischen Linie der askanischen Markgrafen, wurde 1542 säkularisiert, fürstliches Kammergut, Domänenamt, später Forstverwaltung. Der Dreißigjährige Krieg fügte der imposanten Anlage schwere Schäden zu. In der Folgezeit stürzten die Gewölbe der Klosterkirche ein, weil 1661, um Material für den Bau des Joachimsthalschen Gymnasiums zu gewinnen, das Dach abgedeckt worden war. Im 17./18. Jahrhundert wurde das Kloster als "Steinbruch" genutzt. Erst im 19. Jahrhundert begann - angeregt durch Preußens größten Baumeister K. F. Schinkel - die Sicherung der Anlage, die Jahrzehnte später restauriert wurde. Erhalten sind der Westflügel der Klausur, der stark veränderte Kapitelsaal, Fürstensaal, Konversenrefektorium und Klosterkirche, der zweigeschossige Pfortenhausvorbau, der bedeutende westliche Kreuzgangflügel mit Kreuzrippengewölbe auf z. T. figürlichen Konsolen und der (wiederhergestellte) Ostflügel des Kreuzganges. Von den Wirtschaftsgebäuden sind das sog. Brauhaus mit schönem Staffelgiebel und Reste der Mühle erhalten. Eigentlich war das Kloster 1258 auf dem Pehlitzwerder im Parsteiner See gegründet, aber aus bisher nicht restlos geklärten Gründen nach Chorin, nur zehn Kilometer entfernt, verlegt worden. Der aufmerksame Wanderer wird die Fundamente der auf dem Pehlitzwerder begonnenen Kirche des Klosters Mariensee, wie es genannt wurde, finden.

Westlich Wittstocks liegt das ehemalige Zisterzienser-Nonnenkloster *Heiligengrabe*, 1287 gegründet, seit dem 16. Jahrhundert evangelisches Stift. Stiftskirche (um 1300) mit schönem Interieur und Grabplatten (u. a. Ch. L. Rohr, 1731; Chr. v. Einsiedel, 1740; H. v. Winterfeldt, 1790), Klausur, Kirche und Refektorium mit siebenjochigem Kreuzgewölbe wie auch der vierflügelige Kreuzgang und die Heiliggrabkapelle sind gut erhalten. Die Entstehung des Klosters geht auf eine mittelalterliche Legende zurück: Ein vagabundierender Jude soll eine Hostie gestohlen und versteckt (vergraben) haben, die an der Stelle der späteren Kapelle aus der Erde zu bluten und Wunder zu bewirken begann. Daraufhin setzten Wallfahrten ein, die zur Klostergründung führten. Heute beherbergt die idyllische Klosteranlage, zu der auch Fachwerkhäuser des frühen 18. Jahrhunderts gehören, ein Diakonissenhaus und ein christliches, in jeder Hinsicht vorbildliches Pflegeheim für debile Kinder, die hier aufopferungsvoll betreut werden.

Ebenfalls einem Hostienwunder (geschehen beim Brand der Vorgängerkirche) verdankt die südwestlich Heiligengrabes gelegene Wallfahrtskirche St. Nikolaus (begonnen 1324) in *Bad Wilsnack* sein Entstehen. Die Kirche wurde im 14./15. Jahrhundert zur bedeutsamsten Wallfahrtskirche Brandenburgs, war weit über dessen Grenzen hinaus berühmt und machte Kirche und Stadt durch "Wallfahrtstourismus" reich.

Eine sehenswerte, in sich geschlossene barockisierte, großzügige Anlage bietet das wenige Kilometer nördlich Eisenhüttenstadts liegende Zisterzienserkloster *Neuzelle*. 1268 gegründet, wurde das Kloster, da es bis 1815 kursächsisch geblieben und deshalb nicht säkularisiert worden war, noch im 17./18. Jahrhundert zu einem wirtschaftlichen und geistig-kulturellen Zentrum im Neiße-Gebiet. Das Kloster war so wohlhabend, daß es seine Kirche, bedeutsamster Sakralbau der Niederlausitz, nach 1654 und dann noch einmal in der ersten Hälfte des 18. Jahrhunderts durch italienische, böhmische und Wessobrunner Meister prachtvoll umbauen lassen konnte. Die Anlage beherbergt ein katholisches Priesterseminar und war von 1817 bis 1990 gleichzeitig Domizil eines Lehrerbildungsinstituts.

Doberlug-Kirchhain, als Zisterzienserkloster bereits 1165 gestiftet, brachte mit der im 19./20. Jahrhundert leider sehr unglücklich restaurierten Klosterkirche den wichtigsten spätromanischen Backsteinbau (12./13. Jahrhundert) hervor. Das bekannte Bauwerk der alten Ortschaft (schon Walther von der Vogelweide kannte 1212 "Toberlu") wurde nach der Säkularisierung (1541) Schloß - später Pfarrkirche. An erhaltenen Schlössern und Burgen ist die Mark nicht arm. Sieht man einmal davon ab, daß zahlreiche Gutshäuser - eine Reihe von ihnen fielen dem ideologischen Anti-Junker-Wahn nach 1945 zum Opfer - den Charakter ländlicher Schlösser des 18./19. Jahrhunderts tragen und recht gut über die gutsherrliche Kultur auf dem Lande Auskunft geben können, so waren ältere, vor allem landesherrliche Sitze außerhalb der Residenzen zumeist Lust- und Jagdschlösser.

In dem winzigen Städtchen *Freyenstein* (1.500 Einwohner) nördlich Pritzwalks finden sich gleich zwei interessante kurbrandenburgische Schlösser: das alte Schloß (1556), eine im Stil der norddeutschen Renaissance, die in Brandenburg seltener zu finden ist, errichtete, z. T. erhaltene burgartige Gebäudeanlage, ist geschickt restauriert worden. Wertvoll ist der Terrakotta-Schmuck der Giebelseite und des Treppenturms in der Art des Statius von Düren. Das frühbarocke Neue Schloß (um 1650), ein dreistöckiger rechteckiger Putzbau mit turmähnlichen Vorsprüngen, beherbergt heute eine Schule.

In *Fürstenberg/Havel* (5.900 Einwohner) fällt das Schloß, eine guterhaltene barocke Dreiflügelanlage (1741/52), ins Auge, welche heute Krankenhaus ist.

Das Dorf *Demerthin*, westlich von Kyritz, besitzt ein wenig bekanntes, dennoch sehr schönes Schloß (um 1600) mit großem

Treppenturm im Stil der Renaissance, interessanten Sandsteinintarsien und Netzgewölben. Das Schloß ist in einem bedauernswerten Zustand.

Vergleichsweise "gut in Schuß" ist das bekannte Schloß *Rheinsberg* (5.300 Einwohner). Die barocke Dreiflügelanlage, die in ihrer jetzigen Form von G. W. von Knobelsdorf 1734 inmitten eines schönen Parks am Grienericksee für den lebenslustigen Kronprinzen Friedrich (II.) gestaltet wurde, geht auf ein Wasserschloß des Jahres 1566 zurück. 1786 wurde es von Georg Friedrich Boumann d. J. noch einmal, diesmal für den Bruder Friedrichs II., Prinz Heinrich, verändert. Der weite Schloßpark bietet mit Orangerie, vielen Sandsteinfiguren, Salon (in der Querachse des Parks), Grabmal des Prinzen Heinrich (gestorben 1802) in der Form einer Backsteinpyramide u. a. m. viel Beschauliches. Wer Rheinsberg schon vor einem Besuch erleben will, sollte zu Tucholskys gleichnamiger kleinen Erzählung (1912) greifen!

Südlich von Rheinsberg in *Wustrau* erhebt sich das vor einigen Jahren gründlich restaurierte, barocke Schloß (um 1750) über den Ruppiner See. Hier lebte, umgeben von See und altem Park, der berühmte Reitergeneral Friedrich des Großen, Hans Joachim von Zieten, der schon zu Lebzeiten legendäre "Zieten aus dem Busch". *"Zwischen Dorf und See"*, berichtete Fontane 1861,

> *"breitet sich der Park aus, dessen Baumgruppen von dem Dache des etwas hoch gelegenen Herrenhauses überragt werden. Dieses letztere gleicht auf ein Haar den adligen Wohnhäusern, wie sie während der zweiten Hälfte des vorigen Jahrhunderts in märkischen Städten und Dörfern gebaut wurden ... Erdgeschoß und Bel-Etage, ein hohes Dach, ein Blitzableiter, zehn Fenster Front, eine Rampe, das Ganze gelb getüncht und ein Wappen oder Namenszug als einziges Ornament."*

Nichts hat sich hier verändert, die Zeit scheint stillezustehn.

In *Neulöwenberg, Ortsteil Liebenberg* inmitten einer zauberhaften Wald- und Seenlandschaft steht das ursprünglich barocke, im 19./20. Jahrhundert völlig veränderte Schloß Liebenberg, Sitz der Fürsten Eulenburg-Hertefeld. Bemerkenswert ist das sich im Obergeschoß befindende Wandbild aus Halbfayencefliesen, die Schlacht bei Issos (333 v. u. Z.) darstellend. Die Schloßanlage mit den dazugehörigen Wirtschaftsgebäuden ist ein typisches Beispiel eines großräumigen mittelmärkischen Gutshofes, der z. Z. noch einen recht verwahrlosten Eindruck macht.

Wer zu einer Wanderung durch die Schorfheide aufbricht und die Kleinbahn nach *Großschönebeck* benutzt, sollte es nicht versäumen, einen Blick auf das alte Jagdschloß (nach 1660) zu werfen. Auch das Dorf selbst, ein typisches märkisches Angerdorf mit interessanter Kirche, ist sehenswert.

Ausflüge an die Oder sollten über einen kleinen, in jedem Fall lohnenden Umweg nach *Neuhardenberg* (bis 1990 Marxwalde) führen. Das Dorf, bis 1814 Qulitz geheißen und urkundlich erstmalig 1348 erwähnt, wurde 1814 dem preußischen Staatskanzler Karl August von Hardenberg seiner Verdienste wegen vom preußischen König Friedrich Wilhelm III. als Dotation überlassen. Das Schloß, ursprünglich eine barocke Dreiflügelanlage (1763), wurde von K. F. Schinkel 1820/22 unter Beibehaltung von Grundriß und Bausubstanz klassizistisch umgestaltet. Die Umwandlung des Schloßparks in einen Landschaftsgarten nahm zur gleichen Zeit P. J. Lenné unter Mitarbeit des Fürsten Pückler-Muskau vor. die klassizistische Kirche (1815/17), ebenfalls ein Werk Schinkels, und der sich ihr östlich anschließende Gruftbau des Fürsten Hardenberg in Form einer dorischen Halle (1823) repräsentieren wie vielleicht nirgendwo sonst in der ländlichen Mark ein Stück preußischer Geschichte, die Symbiose von Kunst und Macht.

Freunde von märkischen "Schnurren" und Legenden werden es sich nicht nehmen lassen, den Herrn von Ribbeck zu *Ribbeck im Westhavelland* ("ein Birnbaum in seinem Garten stand ...") in seinem Schloß, das nicht mehr das ursprüngliche ist, zu besuchen. Der schöne, rechteckige, zweigeschossige Putzbau (1821) des Gutsschlosses derer von Ribbeck beherbergt jetzt ein Altersheim.

Im Nordwesten der Stadt Brandenburg, in *Ziesar*, hatten sich die Bischöfe von Brandenburg eine Burg als feste Residenz erbaut. Von dieser Burg (15. Jahrhundert) sind Teile der Vorburg (Rundturm), der in Renaissanceformen abgeschlossene mächtige Bergfrit, Randbebauungen und Burgkapelle (1470 geweiht, u. a. mit Grab des Bischofs Dietrich von Stechow) erhalten geblieben.

Schloß Wiesenburg, südlich von Brandenburg, eine reizvolle, umfangreiche, zweigeschossige Vierflügelanlage, ist aus einer mittelalterlichen Burg, die nach Brand 1547 im Stil der Renaissance umgebaut wurde, hervorgegangen. 1730 wurde es barock erweitert und 1864-1880 durchgreifend verändert. Das Torhaus, im Kern 13. Jahrhundert, und die Hofportale, mit originalen Resten von 1574 und 1600, sind in den Formen der Neorenaissance gestaltet worden, der schöne Hofbrunnen stammt aus dem Jahre 1609. Der ausgedehnte gepflegte Landschaftspark mit seltenen Bäumen und Gehölzen umrahmt das Schloß wirkungsvoll.

Eine feste Burg - die wohl besterhaltene mittelalterliche im Land Brandenburg - stellt der altehrwürdige *Rabenstein* beim Dorfe Raben dar. 1251 erstmals erwähnt, nach Zerstörung 1395 wiederhergestellt, ist die in Vor- und Hauptburg gegliederte, teils in Feldstein, teils in Backstein ausgeführte Feste, die im 19. und 20. Jahrhundert restauriert wurde, das beste Beispiel einer weitgehend erhaltenen (Bergfrit, Kapelle, Torhaus, Rittersaal) märkischen Grenzbefestigung gegen Sachsen. Die romantische Burg ist heute Jugendherberge. Eine der schönsten märkischen Sagen spielt hier: die Rosemariesage. Eine Ritterstochter wurde zur Strafe für Liebe und Lebenslust in den Turm verbannt. Ihr Vergehen wird nur gesühnt - so will es die Erzählung -, wenn sie aus einem Ballen Leinen zwölf Hemden näht. Sie darf allerdings nur alle fünfzig Jahre einen Nadelstich machen! Gelingt es aber einem kühnen Burschen, die Außenmauer des 25 m hohen Turmes ohne alle Hilfsmittel zu erklimmen und sich mit Rosemarie in Liebe zu vereinen, so ist sie frei. Rosemarie sitzt sein Jahrhunderten, jung und schön geblieben, in ihrem Turm und wartet auf die Erlösung. Bis dato offensichtlich vergebens.

Schloß Wiepersdorf, südöstlich des nahen Jüterbog, 1731/38 auf den Fundamenten eines festen Hauses des 16. Jahrhunderts errichtet, war 1780 in den Besitz des Dichters Ludwig Achim von Arnim, aus altem märkischem Geschlecht, und seiner ebenfalls dichtenden Frau Bettina, geborene Brentano, gekommen. Die Gartenfront des Schlosses wurde 1878 von einem Enkel der beiden, dem Historienmaler Achim von Arnim, neobarock verändert und eine Orangerie geschaffen. An der im Kern spätmittelalterlichen Gutskirche, die mehrfach umgestaltet wurde, befinden sich die Grabstätten des berühmten Dichterehepaars. Das Schloß selbst (Bettina-von-Arnim--Heim) war seit 1958 Erholungsstätte für Kulturschaffende der ehemaligen DDR, so daß die Anlage in ruhiger Umgebung gut gepflegt ist.

Lübbenaus (21.000 Einwohner) klassizistisches Schloß (1817/20), zur Zeit eine Fachschule beherbergend, war vom Grafen von Lynar in Auftrag gegeben worden, der gleichzeitig einen Landschaftspark anlegen ließ. Nebenan, im gräflichen Kanzleigebäude (1745/48), ist das Spreewaldmuseum untergebracht.

Das Land Brandenburg besitzt viel Liebenswertes, Schlösser und Kirchen, aber auch idyllische Orte wie *Caputh* (Barockschloß und Albert-Einstein-Haus), *Werder* und *Teupitz*, auf die wie auf viele andere nicht eingegangen werden kann. Da gibt es Schnurriges zu berichten, so z. B. von *Treuenbritzen* (8.000 Einwohner). Als die Sachsen und Anhaltiner das Städtchen Brietzen 1348 hart belagerten, hielten seine Bürger trotz Not wacker zu ihrem brandenburgischen Landesherrn, was ihnen eben den Ehrennamen Treuenbritzen - so steht es am Rathaus geschrieben - eintrug.

Mut hat man den Brandenburgern zu allen Zeiten nachgesagt. Als rechter Brandenburger Haudegen gilt auch der Ritter von Kahlbbutz, zu Lebzeiten ein arger Säufer, Weiberheld und - so behauptet es die Legende - auch Mörder. Seine etwas makaber wirkende Mumie ist im Gruftanbau der alten Kirche von *Kampehl* zu sehen.

Wer bekannte Schlachtfelder in der Mark Brandenburg aufsuchen will, der begebe sich nach Hakenberg, wo im Juni 1675 die *Schlacht bei Fehrbellin* zwischen dem siegreichen Großen Kurfürsten und den Schweden (Karl XI. und General Wrangel) stattfand. Anlaß für Kleist, sein Drama "Prinz Friedrich von Homburg" zu schreiben.

Wie hier gibt es auch einen Gedenkturm in *Großbeeren* bei Potsdam, den man besteigen kann. In Großbeeren hatten die preußischen Generale Bülow und Tauentzin an der Spitze der tapferen Landwehr und einer russischen Einheit am 23.8.1813 den napoleonischen Marschall Qudinot geschlagen. Einige Kilometer weiter findet man im Dorfe *Dennewitz* das Denkmal Bülows, der hier am 6.9.1813 die Franzosen unter Marschall Ney besiegte und sich dafür den Titel "Bülow von Dennewitz" erwarb.

Brandenburg - Kulturelles

Das Land Brandenburg blickt auf eine alte Kulturtradition zurück. Seine Bewohner gelten als kultur- und kunstinteressiert. Die Nähe Berlins, das trotz seines Status als eigenes Bundesland seine mittelmärkische Identität und Zuordnung bewahrte, hat den zahlreichen Anliegern zu jeder Zeit die Möglichkeit gegeben, mit Auto und Zug - Stadtbahnverkehr gibt es in alle Himmelsrichtungen - die Kultur- und Kunststätten der Hauptstadt zu besuchen. Wer sich im übrigen über die alte Mark ganz konkret und gegenständlich informieren wollte, mußte eh nach Berlin: Das größte Landesmuseum, das Märkische Museum, befindet sich hier und nicht in Potsdam oder anderswo. Berlin ist nicht nur mit tausend Fäden mit der Mark Brandenburg verknüpft, es ist selbst Mark Brandenburg, und es ist auch irgendwie immer ihre Hauptstadt, wenngleich nicht im staatsrechtlichen Sinne, geblieben.

Wenn man von Geist und Kultur im Lande Brandenburg spricht, denkt man natürlich an Potsdam, das ohne Zweifel zu den großen deutschen Kunstmetropolen gehört, sieht man eine Stadt vor sich, die zumindest seit dem "Flötenkonzert von Sanssouci" Friedrich des Großen Kultur und Geist in Deutschland mitbestimmt hat. Geschichtliche Aufarbeitung heißt wohl, in einem aktiven Prozeß des Besinnens dem brandenburgischen, deutschen und internationalen Potsdam zurückzugeben, was es einst war: eine europäische Hauptstadt der Kunst. Es bedeutet freilich auch, sich mit einer Stadt auseinanderzusetzen, die einen schwarzen Schatten auf die europäische Geschichte geworfen hat, deren Name mit Geist (oder Ungeist) des Militarismus, mit Kadavergehorsam und Nationalismus verbunden war.

Trotz seiner vergleichsweise geringen Bevölkerungsdichte besitzt das Land ein relativ engmaschiges Netz kultureller Institutionen, die in ihrer heutigen Struktur und Form ganz wesentlich von Hinterlassenschaften der ehemaligen DDR beeinflußt sind. Das kann auch nicht anders sein. Sieht man einmal von den kulturellen und künstlerischen Inhalten ab, die in Brandenburg nicht wesentlich anders als in den übrigen neuen Bundesländern sind, so muß man sachlich und den Tatsachen gerecht werdend feststellen, daß die gescheiterte realsozialistische Republik auf kulturellem Gebiet so einiges geschaffen hat.

Es ist müßig zu fragen, wie, warum und zu welchem Zweck das alte Staatswesen entsprechende Leistungen erbrachte. Die Brandenburger müssen jetzt vielmehr überprüfen, welche kulturellen und kulturpolitischen Strukturen aufgelöst, modifiziert oder erhalten werden müssen, um Positives, Gewachsenes, zu tradieren und neuen Inhalten Raum geben zu können. Hinzu kommt die Kostenfrage. Wenn zur Zeit auch im kulturellen Bereich alles unklar, weil im Umbruch ist, alles zu schwimmen scheint, bleibt Bisheriges als ein Angebot bestehen.

Das Land Brandenburg unterhält mehrere Theater und musikalische Einrichtungen. Das Hans-Otto-Theater in Potsdam profilierte sich in den letzten Jahren mit der Inszenierung moderner Stücke. 1952 gegründet, hatte es sich über Jahre der Dramatik der DDR zugewandt. Es ist auch die Spielstätte, die sich mit der Erstaufführung polnischer, spanischer und afrikanischer Autoren einen guten Namen macht. Das Musikensemble des Hauses spielt auch im zauberhaften Rokoko-Theater des Potsdamer Neuen Palais. Hier waren es vor allem Mozart-Opern, die Aufmerksamkeit und viel Lob fanden. Im Schloßtheater finden pro Jahr etwa 150 Aufführungen von Oper, Ballett und Konzert statt. Das Hans-Otto-Theater hat überdies eine Konzertreihe für Werke moderner Musik eingerichtet. Das DEFA-Sinfonie-Orchester trägt vor allem mit Studiokonzerten in Babelsberg und Kammermusikalischen Abenden zum Potsdamer Musikleben bei. Einen guten Ruf haben auch das Jugend-Sinfonie-Orchester der Stadt, die Singakademie und der Chor der Brandenburgischen Landesuniversität.

Das Kleist-Theater in Frankfurt/O. ist dem nationalen deutschen dramatischen Erbe, vor allem dem großen Sohn der Stadt, dessen Name das Haus trägt, verpflichtet. 1971 entstand mit dem Umbau der Franziskaner-Klosterkirche zu einer den Namen Carl Philipp Emanuel Bach tragenden Konzerthalle ein musikalisches Zentrum. Die Stadt besitzt ein noch junges Philharmonisches Orchester und ein Musikkabinett, das vor allem auch Kammermusik pflegt. Die traditionsreiche Stadt bietet mit "Konzerten auf historischen Instrumenten" (im Museum "Viadrina"), mit Galeriekonzerten in der Galerie "Junge Kunst" und mit der Reihe "Hausmusik bei Kleist" viel Originelles und Abwechslungsreiches. Im Frühjahr werden regelmäßig "Festtage der Musik", die gut besucht sind, durchgeführt.

Frankfurt/O. ist vielleicht die musikalischste Stadt des neuen Bundeslandes. Theater gibt es in Cottbus, in einem wundervollen, in den 80er Jahren rekonstruierten Jugendstil-Bau, in Brandenburg, in Senftenberg ("Theater der Bergarbeiter"). Das kleine Seelow besitzt ein Bauerntheater und Schwedt, das ein junges Ensemble aufgebaut hat, ein eigenes Haus. Frankfurt/O. beherbergt im weiteren ein Puppentheater und das Kabarett "Die Oderkähne". Auch in Potsdam ist mit dem Kabarett "Am Obelisk" die Satire zu Hause.

Das Land Brandenburg ist an alter und neuer Musik interessiert. Selbst Cottbus und Senftenberg, nun alles andere als große Städte, unterhalten umfangreiche Staatliche Orchester. Auch in kleinen Gemeinden führen die Klangkörper der ehemaligen drei Bezirksstädte Konzerte durch. Reihen wie "Stunde der Musik", "Konzertwinter" und Podiumskonzerte erfreuen sich einiger Beliebtheit. Konzertzyklen im alten Balkensaal der Beeskower Burg oder im Renaissance-Rathaus von Fürstenwalde sind nur selten nicht ausgebucht.

Weit über Brandenburg hinaus haben sich die Sommerkonzerte im Hof der Klosterruine von Chorin, das eine Reihe guter Klangkörper in seine gotischen Backsteinmauern ziehen konnte, ein beachtliches Image erworben, und es gehört inzwischen zum guten Ruf der alten und neuen Berliner Hautevolee, wenigstens einmal im Sommer in Chorin Klassik zu lauschen. Rührig in der Brandenburgischen Kulturszene ist die Kirche, hier vor allem die evangelische, mit einer großen Zahl von Kirchen- und Orgelkonzerten geblieben. Im übrigen zeigt sich die Tendenz, Volkstümlichkeit mit Kunst stärker zu verbinden. Das tritt nicht nur bei den schon überregional bekannten Festspielen zutage - hier haben die sommerlichen Parkfestspiele in Potsdam (Sanssouci), die Spreewaldfestspiele (Lübben, Lübbenau, Burg) und die "Oderfestspiele" in Frankfurt und anderen Oderstädten eine gewisse Tradition -, sondern auch beim Rosenfest in Forst/Lausitz, beim beliebten Blütenfest in Werder (freilich auch eine Gelegenheit für viele Hauptstädter, ihre Alltagssorgen und nicht selten sich selbst im berühmten Obstwein zu ersäufen) und bei den qualitätsvollen Rheinsberger Parkfestspielen. Der Versuch, z. B. die Oderfestspiele mit "Tagen des Chansons" zu verbinden, scheint im ganzen geglückt, wird aber wohl zu einer Kostenfrage geraten. Musiktheaterveranstaltungen für Kinder, die vor allem vom Theater der Stadt Brandenburg durchgeführt werden, zeigten sich ebenfalls als ein Erfolg.

Offensichtlich lebt auch wieder auf, was jahrelang vernachlässigt worden war: das örtliche Fest, wie es sich z. B. im Jüterboger Heimatspiel und im Peitzer Fischerfest gehalten hatte. Kleinstädtische und dörfliche Feste in Brandenburg, soweit sie nicht in der Tradition einer selektiv behandelten, proletarischen und revolutionären Bewegung standen, waren - nimmt man einmal die nicht totzukriegenden Erntefeste und Feuerwehrbälle - der SED wenig förderungswürdig. So blieben ländliche Feste, die sich vor 1933 im Zusammenhang mit Heimat-, Schützen- und Traditionsvereinen herausgebildet hatten, unterbewertet. Ungebrochener Beliebtheit hingegen erfreuen sich die Laienchöre des Landes Brandenburg, die besonders im Kreise Finsterwalde (16 Chöre, 500 Sänger) zu Hause sind, und deren Sängerfeste.

In den letzten beiden Jahren zeigte sich im Ansatz eine Wiederbelebung städtischer und dörflicher Kulturtradition. Andererseits sind die zahlreichen, nach 1949 entstandenen, künstlerischen und kulturellen Arbeitsgemeinschaften und Zirkel, die sich handwerklich, laienkünstlerisch, schriftstellerisch, populärwissenschaftlich oder wie auch immer betätigten, erhaltenswert. Hinzu kommt, daß die Funktion der in vielen Orten des Landes Brandenburg vorhandenen Kulturhäuser - bei allen Einschränkungen Stätten von künstlerischem Volksschaffen und kulturellen Initiativen - nicht so einfach ersetzt werden kann und sich Volksvertretungen und Bürgerinitiativen deshalb überlegen, wie man diese Häuser, die schon aus Kostengründen nicht alle und nicht in den bisherigen Strukturen übernommen werden können, nutzen kann, sie nicht einfach ersatzlos "abwickelt". Das betrifft nicht nur die von der SED hochgejubelten Volkskunst- und anderen Kollektive, sondern vor allem Jugendclubs und Freizeitcenter für Jugendliche, die zum großen Teil hier ein Domizil gefunden haben. Weitgehend aufgelöst ist eine Einrichtung wie der in den Kulturhäusern oder -sälen beheimatete Landfilm, der unter der Regie von Bezirks- bzw. Kreisfilmdirektionen Dörfer und Kleinstädte, die fern aller Kinos lagen, "bespielten".

Das "flache Land" - für Brandenburg fast wörtlich zu nehmen -, schon vor dem Herbst 1989 nicht gerade von Kulturangeboten berstend, gerät so in die Gefahr, auf diesem weiten Gebiet noch mehr zu veröden, seine kulturelle Farbigkeit nur noch durch den Fernseher zu erhalten. Natürlich hat inzwischen auch die Diskothek in Stadt und Dorf Einzug gehalten.

Die "Disko" lockt Schwärme von Landjugend an, die für sie kilometerweit über Land fährt.

Die Brandenburger sind auch ein lesefreudiges Völkchen; in jeder Kreisstadt befindet sich eine öffentliche Leihbibliothek, die gerade von Kindern und Jugendlichen gut frequentiert wird. Neuere Erhebungen ergaben, daß von 100 Einwohnern etwa 30 Bibliotheksbenutzer sind.

Erfreulich groß ist die Zahl von Heimat- und anderen, zumeist kleineren Museen, die in der Regel außerordentlich gut geführt sind. Von überregionaler Bedeutung (Potsdam bleibt hier einmal ausgeklammert) ist z. B. das Neuruppiner Heimatmuseum, das Oderlandmuseum in Bad Freienwalde, das Produktionsmuseum in Boitzenburg, das Blankenseer Bauernmuseum, das Dommuseum (des Stiftes) Brandenburg, das Lübbenauer Spreewaldmuseum, die Cottbuser Museen (Fürst-Pückler-Museum Schloß Branitz; Niederlausitzer Apothekenmuseum), das Weißgerbermuseum in Doberlug-Kirchhain und natürlich auch die personenbezogenen musealen Plätze (Erkner: Gerhard-Hauptmann-Museum; Frankfurt/O.: Kleist-Museum; Buckow: Brecht/Weigel-Haus).

Regen Zuspruch erfreuen sich die wissenschaftlichen bzw. populärwissenschaftlichen Vortragsreihen, die vor allem von der "Urania" durchgeführt werden.

Vor ähnlichen Problemen wie die Kultur steht auch der Sport, der - obwohl in der DDR immer mehr zum gelenkten Leistungssport erstarrt - viele, bislang organisierte Anhänger hat. Vor allem der Betriebssport, der, mit einigen Unternehmensmitteln subventioniert, über Hallen und Anlagen verfügt, erfreute sich großen Zulaufs. Immerhin waren noch 1989 allein im ehemaligen Bezirk Cottbus 181.000 Menschen im Deutschen Turn- und Sportbund organisiert, konkret in 560 Sportgemeinschaften mit ca. 2.200 Sektionen und 700 allgemeinen Sportgruppen. Sport wird weiter getrieben werden, und im

Moment bemühen sich die Interessierten, nachdem viele Betriebe pleite sind, um privatwirtschaftliche Sponsoren, um kommunale Unterstützung und um neue Organisationsformen.

Problemlos überdauert ein besonderes Hobby die schwierigen Zeiten: das Angeln. Der Anglerverband hat mehr Mitglieder als irgendeine andere vergleichbare Organisation. An Seen, Flüssen und Teichen, überall trifft man ihn an, den Angler. Zäh und ausdauernd - und bei jedem Wetter - hält er seinen angestammten Platz und wartet auf den großen Fisch, schon eins mit der Natur geworden. So haben örtliche Angler- und Fischzuchtfeste in der Mark eine eigene Tradition.

Bei allem stellt sich jetzt die praktische Frage, wer die Kulturinstitutionen, die Veranstaltungen und Gastspiele, die vor der "Wende" zum großen Teil in der Hand der bezirksleitenden Konzert- und Gastspieldirektionen lagen, übernehmen wird.

Die Wirtschaft des Landes Brandenburg

Dies ist ein schwieriges Kapitel. Im Moment kann für die Gültigkeit von Angaben über Brandenburgs Wirtschaft niemand die Hand ins Feuer legen, selbst nicht, wenn es die "Treuhand" ist. Vieles, richtiger wohl fast alles, ist in Bewegung geraten, wird in Frage gestellt. Zur Zeit spielt sich wohl der größte industrielle Strukturwandel der letzten einhundert Jahre ab. Eine lange Reihe von unrentablen Betrieben hat den finanziellen Offenbarungseid geleistet und steht vor dem "Aus"; andere bestehen bereits nicht mehr. Dies wäre kein so großes Problem, wenn mit den unwirtschaftlichen Betrieben nicht Hunderttausende von Arbeitsplätzen, letztendlich Menschenschicksale, verbunden wären. Aber bei allen Härten und Unzulänglichkeiten dieses Prozesses - nicht immer wird sorgsam genug geprüft, welche Betriebe vielleicht doch, und sei es in reduzierter Form, eine Chance haben - ist er als ökonomischer Effektivierungsvorgang wohl unumgänglich. Die Kunst wird auch im Lande Brandenburg darin bestehen, in möglichst kurzer Zeit eine mit der Schaffung von Arbeitsplätzen verbundene, leistungsfähige Wirtschaft zu schaffen, die sowohl erhaltenswerte Strukturen, Traditionelles als auch völlig Neues in sich verschmilzt. Im Kapitel über die Städte des Landes ist schon einiges dessen, was in Brandenburg an Industrie über Jahrzehnte gewachsen ist, deutlich geworden.

Verglichen mit anderen Regionen Deutschlands war die Mark - sieht man von wenigen Ausnahmen ab - nie hochindustrialisiert. Großindustrie war nicht typisch. Es dominierte der kleine und mittlere Betrieb. Das trifft auch und besonders für die textile Produktion in der Niederlausitz zu, in der das Land ein Produktionszentrum besitzt.

Vor allen Dingen darf nicht übersehen werden, daß die DDR nach der Spaltung Deutschlands durch das Abschnüren vom organisch gewachsenen Markt und durch die weitgehende Vernichtung von Austauschbeziehungen zum deutschen Weststaat gezwungen war, nun selbst zu produzieren, was jahrzehntelang in nationaler Arbeitsteilung besser und billiger in anderen deutschen Landen produziert wurde. Kohle und Stahl, Walzwerkerzeugnisse und eine Reihe von Schwerstmaschinen war - mit wenigen Ausnahmen - nie Sache der Brandenburger.

Auch die Chemieindustrie, so z. B. in Schwedt, war ein Retortenkind, und ob man nun gerade dort, wo eigentlich alle Voraussetzungen, vor allem Materialgrundlage und Infrastruktur, fehlen, metallurgische Großbetriebe in die märkische Heide stellen soll, ist zumindest fragwürdig und erklärt sich - letztendlich so geschehen - nur aus dem Umstand heraus, daß der Partei- und Staatsführung der DDR, die im übrigen jederzeit viel hausgemachte Unzulänglichkeit in die von ihnen geheiligte Planwirtschaft einbrachte, im Prinzip keine andere Wahl blieb. Diese Art von - auf die DDR bezogen - notwendiger Nachkriegsindustrialisierung bringt nun ein doppeltes Handicap: Viele Betriebe, hochsubventioniert und inzwischen hoffnungslos veraltet, waren selbst an den Maßstäben eines in sich geschlossenen und abgeschotteten Binnenmarktes gemessen, nicht mehr sehr lebensfähig. Jetzt bricht der Weltmarkt schonungslos herein und mit ihm die schlimme, aber ökonomisch legitime Frage, warum man hier unter ungünstigen Bedingungen produzieren muß, was man woanders - westwärts - gar nicht so selten unter Ausnutzung brachliegender Kapazität viel billiger herstellen kann. Im übrigen waren die Bezirke des heutigen Landes Brandenburg nach 1949 stärker industrialisiert worden als vergleichsweise die mecklenburgischen Bezirke, wie Brandenburg vorrangig von agrarischer Tradition. Das schlägt z. Z. eher negativ zu Buche, zumal in manchen Landesteilen (so im ehemaligen Energiebezirk der DDR, Cottbus) extensiv und zu Lasten der Umwelt industrialisiert wurde.

Dennoch wäre "Kahlschlag" die falscheste aller Konsequenzen. Für das Land Brandenburg darf nicht plötzlich durch Desindustrialisierung ein künstlich geschaffenes "postindustrielles Zeitalter" anbrechen. Es wäre weder politisch und ökonomisch noch gar sozial vertretbar, aus dem Gebiet zwischen Elbe und Oder eine Art Konsumzone mit Dienstleistung und Tourismus zu machen. Das trifft besonders für Regionen und Städte des Landes zu, die eine zumeist mittelständische Industrie über Generationen hinweg ausgebildet haben. Brandenburgische Industriestädte wie z. B. Luckenwalde, in dessen Betrieben über 9.000 Menschen arbeiten, dürfen als solche nicht sterben. Die traditionelle Tuchfabrikation, der Bau von Pianos und Feuerlöschfahrzeugen in dieser Stadt war in der Vergangenheit durchaus lohnend; auch die Werke für mikroelektronische Kontaktbauelemente und Beschläge fanden ihren Markt. Jetzt werden besonders die Unternehmen der Metallbranche Arbeitsplätze in großem Umfang abbauen; der Tuchfabrik gehen die Aufträge aus und der größte Arbeitgeber des Kreises, das mit 1.200 Beschäftigten bis dato gut beleumdete Wälzlagerwerk, wird "dichtgemacht". Dabei sah vor Jahresfrist alles noch ganz gut aus: Eine westdeutsche Firmengruppe unter Führung der Kugelfischer AG hatte das gut geführte Werk gekauft. Es rechne sich nicht, wurde einige Monate später erklärt, es werde bis zum Jahresende "abgewickelt". Dann könnten insgesamt 6.000 Arbeitslose das soziale Gesicht der Stadt bestimmen, die dann eine Arbeitslosenrate von 60-70 % aufweisen würde. Andererseits - und dies scheint nicht untypisch für das Land Brandenburg zu sein - machten schon totgesagte Betriebe Luckenwaldes durch Verkleinerung einen vielversprechenden Neuanfang. Die rührigen Stadtväter verhandeln mit 40 potentiellen Investoren. Im Rathaus rechnet man damit, daß 20 Interessenten noch in diesem Jahr mit Bauarbeiten für Betriebe anfangen würden, die bereits in drei Jahren 3.500 neue Arbeitsplätze geschaffen haben könnten. Vielleicht zieht die relativ günstige Lage zu Berlin Kapital an. So liegen die Gefahren und Chancen dicht beieinander. Lukkenwalde - ein landbrandenburgisches Fallbeispiel.

Welche industrielle Struktur weist das Bundesland zur Zeit (noch) auf? Um etwas Ordnung in unsere Betrachtung zu bekommen, ist es geraten, den alten Strukturen folgend, bezirksweise vorzugehen: Die meiste Industrie hat ihre Standorte im ehemaligen Bezirk Potsdam. Der Ex-Bezirk zählte 1989 16 Großbetriebe (über 1.000 Beschäftigte), 32 Mittel- und 76 Kleinbetriebe, über 200 Produktionsgenossenschaften des Handwerks (die kleine bis mittlere Betriebe darstellen) und 5.400 Handwerksbetriebe. Größere Betriebe der Metallindustrie finden sich in Wildau (Schwermaschinenbau mit Tradition), in Pritzwalk (Zahnradwerk), in Brandenburg-Kirchmöser (Stahl- und Walzwerk), in Henningsdorf (Stahl- und Walzwerk und Lokomotivbaufabrik), in Potsdam (Maschinenbau) und Wiesenburg (Drahtzieherei). Die elektro- und elektronische Industrie hat große Produktionsstätten in Neuruppin (Elektro-Physikalische Werke), in Zehdenick, Stahnsdorf und Teltow (mikroelektronische Werke und Betriebe für elektronische Bauelemente) und in Henningsdorf (Elektrotechnische Werke).

Geräte-, Lokomotiv- und Fahrzeugbau befinden sich in Teltow (Geräte- und Regler-Werke), in Henningsdorf (Lokomotivbau) und in Ludwigsfelde (Automobilwerk für Bau von Lastkraftwagen), große chemische Produktion in Premnitz (Chemiefaserwerk) und Oranienburg (Pharmazeutische Fabrik). Nennenswert ist neben der Rathenower optischen Industrie die Ofen- und Keramikproduktion in Velten und die Wittstocker Obertrikotagenproduktion. Ein Großbetrieb ist freilich auch der Flughafen Schönefeld, der rechtlich zu Brandenburg gehört.

Im ehemaligen Bezirk Frankfurt/Oder wird die Industrie einerseits vom Petrolchemischen Industriekomplex Schwedt (hier ist auch die märkische Papierindustrie konzentriert) und andererseits von der Stahl-, vor allem Bandstahl-Erzeugung in Eisenhüttenstadt und Finow (Walzwerk) geprägt. Im Eisenhüttenkombinat Ost in Eisenhüttenstadt arbeiten auf einem Areal von ca. 12 km^2 rund 11.000 Menschen. Jährlich werden hier 1,5 Mio t Stahl erzeugt. Große Metallbaubetriebe arbeiten in

Eberswalde (beachtlicher Kranbau), in Fürstenwalde (Chemie- und Tankanlagenbau) und in Freienwalde (Dränrohrwerke). Bedeutend sind die Zementwerke in Rüdersdorf, das Kalksandsteinwerk in Angermünde und Holzverarbeitungs- bzw. Möbelbetriebe (Klosterfelde, Biesenthal, Bernau, Beeskow). Die Reifenwerke (Fürstenwalde), die Schuhproduktion (Storkow), eine Feinlederfabrik und ein Schichtstoffwerk (Bernau) sind ebenfalls von überregionaler Bedeutung. In Frankfurt/O. befindet sich das große Halbleiterwerk (in der Nähe der Stadt auch das uralte Kohlekraftwerk Finkenherd), in Fürstenwalde eine umfangreiche Elektrogeräteproduktion. Das Halbleiterwerk vor allem wird keine Chance haben zu überdauern.

Der ehemalige Bezirk Cottbus war der Kohle- und Energiebezirk der DDR. Braunkohle- und Energiekombinate (Schwarze Pumpe, "Glück auf" bei Hoyerswerda, Welzow, Senftenberg und Cottbus) mit riesigen Abbaugruben, Kraftwerken (Jänschwalde, Lübbenau-Vetschau, Boxberg) und Nachfolgeindustrien (Bau- und Montagekombinat Kohle und Energie, Cottbus und Synthesewerk, Schwarzheide) prägten einerseits die industrielle Landschaft, verwüsteten aber große Teile der natürlichen Landschaft in der Lausitz und schufen Umweltprobleme ersten Ranges. Diese hatten sich in den letzten Jahren dramatisch verschärft, als dazu übergegangen wurde, die Energieproduktion extensiv zu erhöhen, was nichts anderes hieß, als Zuwachsraten auf Kosten der Umwelt zu realisieren, ganze Gebiete den Großbaggern zu opfern und Dörfer reihenweise von der Landkarte verschwinden zu lassen.

Die Produktion war zusätzlich gekennzeichnet durch ein sich verschlechterndes Verhältnis von Braunkohleflöz und Abraummenge und von der fatalen Unfähigkeit, die immer schneller verwüsteten, immer größeren Flächen zu rekultivieren, zu ebnen und aufzuforsten, die der Landschaft geschlagenen Wunden vernarben zu lassen. Zudem sank die Qualität der geförderten Braunkohle. In Großkraftanlagen verfeuert, belastete sie die Umwelt in einem nicht mehr erträglichen Maße.

Günter Grass beschrieb eine trostlose, von Sandkegeln unterbrochene Kraterlandschaft, in der u. a. auch das Dorf Pritzen spurlos verschwand:

> *"Hier, schon unter dem Niveau des Meeresspiegels, wachsen um kleine Seen herum kegelige Abraumhalden, die sich tief gestaffelt bis zum Horizont unter Dunstschleiern verlieren."*

Grass, der Schriftsteller, hielt die bizarre Zerstörung in eindrucksvollen Beschreibungen fest:

> *"Mein Blick vom Grubenrand ist der Blick auf eine offene, nicht mehr verheilende Wunde. Seit das Grundwasser gesenkt wurde, leidet die Region an Trockenheit ... gleich hinter der Frauenklinik von Altdöbern bricht die Erdkruste ab, um sich vielfach gestuft in etwa achtzig Metern Tiefe zu einer dem Mond abgeguckten Landschaft zu weiten."*

Es wird viel Phantasie und Fleiß bedürfen (und Geld natürlich), um hier Leben wieder möglich und sinnvoll zu machen.

Die traditionelle Lausitzer Industrie wird viel mehr durch die kleine und mittlere Fabrik repräsentiert als durch den Großbetrieb. Großangelegte Textilproduktion findet sich nur in Cottbus, agrarische Großproduktion in Golßen ("Spreewaldkonserve"), die berühmte Lausitzer Glasherstellung en gros in Weißwasser, von dem noch nicht völlig klar ist, ob es sich für das Land Brandenburg oder für Sachsen entscheiden wird.

Ein alter Industriestandort ist Lauchhammer (Schwermaschinenbau, Eisenguß). Überlebenschancen rechnet sich auch der Anlagenbau in Elsterwerda und die Ferrolegierungsfabrik Spremberg aus. Schwieriger werden es das große Chemiefaserwerk in Guben, das Farbfernsehkolbenwerk in Friedrichshain-

Tschernitz und der Automatisierungsanlagenbau in Cottbus haben.

Nennenswerte Werke der Schweißtechnik und des Wohnungsbaus befinden sich in Finsterwalde und Cottbus; auch sie werden Struktur und Produktionsprofil mit Sicherheit verändern müssen.

Das Land Brandenburg hat sich seinen über Jahrhunderte ausgebildeten agrarischen Charakter trotz der Industrialisierungen im wesentlichen bewahrt. Die Böden der Mark sind in der Regel leicht und sandig. Zwar gibt es auch hier Ausnahmen, die vor allem von Teilen der Uckermark gebildet werden, aber die "Streusandbüchse des Heiligen Römischen Reiches" gehört insgesamt nun einmal nicht zu den ertragreichsten Anbaugebieten Deutschlands. So mochten Betriebsgrößen von über 50 ha vor 1945 zwar den Eindruck eines großen Hofes erwecken, waren aber in ihren Erträgen durchaus mit nur 10 ha großen Wirtschaften in fruchtbareren Gebieten vergleichbar. Dennoch brachte es märkischer Bauernfleiß zu etwas: Man sehe sich nur die Dörfer mit z. T. sehr stattlichen Häusern und hübschen Kirchen an. Geschickte Bodenbearbeitung und vernünftige Düngung ersetzten oft das, was ein karger Acker von sich aus nicht hergab. Die ab 1945 einsetzende Bodenreform zu Lasten von über 100 Hektar großen Wirtschaften - beileibe nicht alle davon waren im Lande Brandenburg im eigentlichen Sinn Großgrundbesitz - brachten vielen landarmen Bauern und Landarbeitern einen Besitz, dessen sie sich nicht lange erfreuen konnten.

Die eigene "Scholle" wurde seit 1952 kollektiviert, und als dieser Prozeß 1960 mit Mitteln von Nötigung und Zwang vollendet war, fanden sich nicht nur die Neubauern der Bodenreform, sondern auch die eingesessenen Altbauern, zumeist über Generationen den eigenen Acker pflügend, in der LPG wieder. Viele Bauern hatten sich standhaft gewehrt, Zehntausende waren noch 1960 in den Westen geflohen. Und es gehörte schon einiges dazu, einen selbstbewußten märkischen Landmann dazu zu bringen, Haus und Hof, Vieh und Acker im Stich zu lassen. Zwangskollektivierung für die meisten - nicht für alle - schuf aber Betriebsgrößen, die mit moderner Großtechnik besser zu bewirtschaften, die im ganzen - wenn man es nur klug anstellte - rentabler waren. Da auch genügend LPG-Bauern zur Verfügung standen, konnte man nicht nur arbeitsteiliger an die Feldbestellung herangehen, sondern sich auch die Muße und den Urlaub nehmen, die eine private Wirtschaft oft nicht zuließ. So war die Entwicklung auf dem Lande keineswegs nur negativ und entbehrungsreich: im Gegenteil. Nach anfänglichen Schwierigkeiten - viele Genossenschaften arbeiten unrentabel - war es mit Hilfe reichlich fließender, staatlicher finanzieller und technischer Unterstützung den Mitgliedern möglich, nicht schlecht zu leben.

Die ehemalige DDR subventionierte landwirtschaftliche Produkte beträchtlich. Da die Bauern der LPG nebenbei in den ihnen verbliebenen individuellen Hauswirtschaften Gemüse anbauten und Vieh hielten, das sie zu wiederum staatlich gestützten Preisen verkauften, verdienten viele nicht unwesentlich dazu. Auch mit Obst konnte man nebenher seine "Mark" machen. So manches schlaue Bäuerlein kam auf den Dreh, seinem Hausschwein lieber das billige (hochsubventionierte) Brot vorzusetzen als Getreide zu kaufen, das ihm (paradoxerweise) teuer kam; oder für 20 Mark an die nächste Erfassungsstelle 10 kg Johannisbeeren zu verkaufen, die sein lieber Sohn im nächsten Laden für 10 DM zurückerwarb, um sie für 20 Mark wieder an den Staatshandel zu verscherbeln. Schaden nahmen die Landwirtschaftlichen Produktionsgenossenschaften an dem Gigantismus der SED-Führung. Durch Zusammenlegung entstanden Kooperativen, Superbetriebe mit z. T. über 8.000 ha, die schlecht überschaubar, schwer zu leiten und unwirtschaftlich schon deshalb waren, weil bestimmte Felder vom zentralen Hof so weit entfernt lagen, daß die ganze Landwirtschaft zu einem einzigen teuren Transportunternehmen degenerierte. Einiges wurde geändert.

Schwerwiegender war wohl die Praxis von Spezialisierung und industriemäßiger Produktion, die - wie vieles in der DDR - zugespitzt und dadurch in Frage gestellt wurde. So produzierte eine LPG nur noch Ackerfrüchte, die andere - fabrikmäßig - nur noch Nutztiere, Schweine vor allem. Da die Fleischproduktion auch für Exportzwecke erheblich gesteigert wurde, traten plötzlich Transport- und Futterprobleme auf, mehr aber noch das Problem, die nun auf engstem Raum "mitproduzierte" Gülle zu beseitigen. Ganze Felder "verbrannten" in einem chemischen Prozeß. Die Umwelt, vor allem das Grundwasser, wurden zunehmend belastet.

Jetzt suchen Bauern und Wirtschaftler der Mark nach neuen Wegen der landwirtschaftlichen Produktion. Wenn es auch Ansätze dafür gab, die Genossenschaften zugunsten der ursprünglichen kleinen Privatbetriebe gänzlich aufzulösen, so merkte man doch bald, daß man sich damit auf dem falschen Weg befand. Im Gegenteil: Viele Mitglieder der ehemaligen Landwirtschaftlichen Produktionsgenossenschaften sind aus Erfahrung für den Weiterbestand ihres gemeinsamen Großbetriebes in einer anderen Struktur und Rechtsform. Doch wie wird er rentabel, hält dem Markt, der Konkurrenz stand? Natürlich nur, wenn er über eine gewisse Betriebsgröße, modernes technisches Know-how und neue Absatzmöglichkeiten verfügt und, nach marktwirtschaftlichen Prinzipien organisiert und geleitet, den Grundsätzen von Sparsamkeit und Effektivität folgend rationalisiert wird.

Das bedeutet Umdenken und bewußteres Handeln des einzelnen, heißt, sich vom Trott der Genossenschaft, von Verschwendung und bequemer Gedankenlosigkeit zu trennen. Doch bringt die Übernahme von Verantwortung den Erfolg allein nicht. Im Moment werden große landwirtschaftliche Nutzflächen im Lande Brandenburg stillgelegt. Folgt man vorsichtigen Schätzungen, so ist die Kapazität im Jahre 1991 bereits um 30-40 Prozent verringert worden. Das ist zum einem dem Umstand geschuldet, daß auf dem wenig hergebenden märkischen Boden zu teuer produziert wird und in dem Zusammenhang billigere agrarische Erzeugnisse aus dem Westen einfließen - was bestimmte, durchaus wettbewerbsfähige Strukturen, die nicht geschützt werden, kaputt macht -, zum anderen der Mentalität des Konsumenten in den neuen Bundesländern, lieber Westwaren zu kaufen. Doch zeichnet sich zur Jahresmitte 1991 hier eine gewisse Tendenzwende ab.

Aber selbst bei günstiger Entwicklung müssen Nutzflächen stillgelegt werden. Das kann durchaus positiv für die Allgemeinheit sein, wenn sinnvoll aufgeforstet wird, Wald und Flur qualitativ und quantitativ - landschaftspflegerisch - erweitert werden. Auch im Sinne von Naherholung und sinnvollem Tourismus. Bereits in Gang gesetzt ist auch der Prozeß einer drastischen Senkung des überhöhten Viehbestandes.

Im Lande der Wälder und Seen gedeihen Obst, Gemüse, Roggen und Kartoffeln. Die klassische Fruchtfolge wird in der Tat vom Wechsel Roggen - Kartoffeln bestimmt, wenngleich Spötter behaupten, sie laute Roggen und Kiefern! Im ehemaligen Bezirk Frankfurt/O. z. B. bestanden bis vor kurzem 51 spezialisierte ackerbauende Produktionsgenossenschaften und 11 staatliche Güter mit einer durchschnittlichen Betriebsgröße von 5.400 Hektar. Mit der Tierproduktion befaßten sich 174 Landwirtschaftliche Produktionsgenossenschaften und 23 Staatsgüter.

Als zwischengenossenschaftliche Einrichtungen arbeiteten 36 Betriebe (Mischfutterwerke, agrochemische Zentren, Agrarflugplätze). Im Territorium werden auch Futter- und Zuckerrüben (Uckermark) und Raps angebaut.

Die Äcker und Felder des ehemaligen Bezirks Potsdam umfaßten ca. 11 Prozent der landwirtschaftlichen Nutzfläche der Ex-DDR. Die kultivierte Fläche (634.100 Hektar) wird vor allem mit Getreide (55 Prozent), Kartoffeln (14 Prozent) sowie mit Gemüse bestellt. Da viel Sumpfgebiet vorhanden ist, sind

140.000 Hektar Ackerland melioriert. Hier werden vor allem Tomaten, Möhren, Äpfel und Erdbeeren angebaut.

Berühmt ist das alte Havelländische Obstanbaugebiet rund um Werder im Städtedreieck Potsdam-Brandenburg-Nauen. Hier reifen die Kirschen für Berlin und Äpfel - statistisch 5.000 Tonnen in der Woche. Hier existieren die größten europäischen Apfelplantagen von insgesamt 45.000 Hektar Größe. Zunehmend werden auch Blumen gezüchtet. Auch mit Gemüse erzielt man gute Erträge, hier in erster Linie mit Spargel. Etwa 120 Hektar Gemüse befinden sich derzeit unter Glas (und Folie).

Die landwirtschaftliche Nutzfläche des ehemaligen Bezirkes Cottbus (1990: 340.000 Hektar) wird in der Regel von extrem leichten Sandböden gebildet, die für Roggen, Kartoffeln und für einige Gemüsearten geeignet sind. Der karge Boden wird zum Teil bewässert.

Mit 416.000 Hektar Wald (15 % der Waldfläche der ehemaligen DDR) war der Bezirk Potsdam der waldreichste, gefolgt von Cottbus (330.000 Hektar) und Frankfurt/O. (250.000 Hektar). Wald- und vorrangig Nadelholz sind ein wichtiger Wirtschaftsfaktor. In den Bezirkswäldern von Potsdam wurden pro Jahr 1,1 Mio Festmeter Holz eingeschlagen (und 2.200 Tonnen Harz erzeugt), auf dem Gebiet des alten Bezirkes Cottbus sind es 600.000 Kubikmeter (1.500 Tonnen Harz), auf dem Gebiet von Frankfurt/O. 900.000 Festmeter.

Nicht zu unterschätzen ist die Fischwirtschaft. Die Teiche um Peitz und Cottbus liefern jährlich 3.000 Tonnen Speisefisch, vor allem Karpfen.

Das Land Brandenburg als Erbe der drei Bezirke übernimmt ein relativ dichtes, aber stark erneuerungsbedürftiges Schienen- und Straßennetz. Wie in vielen Bereichen der Industrie ist hier in den letzten Jahren viel zu wenig, örtlich überhaupt nicht investiert worden. So befindet sich das Schienengestränge in einem beklagenswerten Zustand. Das Verkehrssystem des Landes (Beispiel ehemaliger Bezirk Potsdam 1990: Bahn = 1.700 km, Straße = 4.000 km) muß mit Blick auf die Erfordernisse der europäischen Zukunft rekonstruiert und erweitert werden. Das gilt auch für das Telefonnetz des Landes. Eine nicht zu unterschätzende Rolle als Wirtschaftsfaktor spielen auch die gut ausgebauten, zahlreichen Wasserwege des Bundeslandes (über 1.200 km schiffbare Wasserstraßen).

Die Frage, wie soll es wirtschaftlich weitergehen, reduziert sich zunehmend auf das Problem der Investition. Nachdem klar ist, daß der Hauptweg des ökonomischen Umbaus die Privatisierung ist, Eigentumsfragen weitgehend geregelt und der Marktwirtschaft entsprechende Gesellschaftsformen auch in Brandenburg zur anerkannten Norm und praktisch durchgesetzt worden sind, kommt es jetzt darauf an, zügig und umfangreich zu investieren.

Brandenburg: Politische Strukturen

Das derzeitige Bundesland Brandenburg der Bundesrepublik Deutschland umfaßt die ehemaligen DDR-Bezirke Cottbus, Frankfurt/Oder und Potsdam zuzüglich der Kreise Templin und Prenzlau (früher Bezirk Neubrandenburg) und des Kreises Perleberg (ehemals Bezirk Schwerin), aber ohne die Kreise Hoyerswerda, Jessen und Weißwasser, die zum ehemaligen Bezirk Cottbus gehörten.

Hauptstadt des Landes ist Potsdam. Brandenburg gliedert sich verwaltungsmäßig in 38 Landkreise und 6 Stadtkreise (Brandenburg, Cottbus, Eisenhüttenstadt, Frankfurt/Oder, Potsdam und Schwedt). Die Statistik (1990) weist 1775 Gemeinden aus.

Es existieren 1138 Landgemeinden mit weniger als 500 Einwohnern (11,8 % der Wohnbevölkerung), 324 Gemeinden mit 500 bis 1.000 Einwohnern (8,4 % der Wohnbevölkerung), 130 Landgemeinden mit 1.000 bis unter 2.000 Einwohnern (6 %).

Die Stadtgemeinden gliedern sich in 55 Gemeinwesen von 2.000 bis 3.000 Einwohnern (5,2 % der Wohnbevölkerung), in 42 Gemeinwesen von 3.000 bis 5.000 Einwohnern (5,8 %), in 38 Gemeinwesen von 5.000 bis unter 10.000 Einwohnern (9,6 %). 23 Städte haben 10.000 bis 20.000 Einwohner (11,1 % der Wohnbevölkerung), 18 zählen 20.000 bis 50.000 Einwohner (18,4 %) und 5 Städte von 50.000 bis unter 100.000 Einwohner (12,9 %). Großstädte (über 100.000 Einwohner) besitzt die Mark Brandenburg mit Potsdam und Cottbus (10,2 % der Wohnbevölkerung) lediglich zwei.

Das oberste legislative Organ des Landes Brandenburg ist der in Potsdam tagende Brandenburgische Landtag.

Die demokratische Selbstverwaltungsstruktur wird von den Kreistagen und den aus den Kommunalwahlen hervorgegangenen Stadtverordneten- bzw. Gemeindevertreterversammlungen fortgesetzt.

Am 14.10.1990 fanden die Wahlen zum Ersten Landtag des Landes Brandenburg statt. Der Wahlkampf war relativ moderat verlaufen, an eigentlichen Höhepunkten hatte es gefehlt, da die Zeit der Wende an und für sich schon permanenter Höhepunkt war und in der Noch-DDR ein Ereignis das andere ablöste. Unklar war, welche der großen Parteien das Rennen machen würde: SPD oder CDU. Einerseits war die Provinz Brandenburg vor 1933 eine Hochburg der Sozialdemokratie gewesen, andererseits besaß die CDU, die sich energisch für Wiedervereinigung, in Sonderheit für den gerade abgeschlossenen Währungsumtausch eingesetzt hatte, unstreitbar einen gewissen Bonus. Zur Stimmabgabe aufgerufen waren 1.955.403 Wahlberechtigte. Bei dieser ersten demokratischen Landtagswahl nach 1946 wurden 1.263.231 gültige Erst- und 1.273.906 gültige Zweitstimmen ausgezählt. Die Wahlbeteiligung lag bei 67,1 Prozent. Dies war wohl weniger als erwartet, führte sich aber offenbar auf den Umstand zurück, daß 1990 bereits Kommunal- und Volkskammerwahlen stattgefunden hatten und gesamtdeutsche Bundestagswahlen für das laufende Jahr angekündigt waren. Die SPD ging mit 38,2 Prozent der Zweitstimmen als der eigentliche Wahlsieger hervor. Ihr Kandidat für das Amt des Ministerpräsidenten, der Konsistorialpräsident Dr. Manfred Stolpe, überzeugte politisch und als Persönlichkeit. Gleichzeitig wurde die progressive Rolle, die die Kirchen in der Bürger- und Menschenrechtsbewegung der DDR gespielt hatten, belohnt. Die CDU, als stärkste Konkurrenz, erreichte 29,4 Prozent der Zweitstimmen. Drittstärkste Kraft wurde die PDS/Linke Liste mit 13,4 Prozent. Die FDP errang 6,6, das "Bündnis 90" 6,4 Prozent der Stimmen. Die "Grünen" brachten es auf einen Anteil von 2,8 Prozent. Eine Reihe von kleineren Parteien blieb unter der Ein-Prozent-Marke (DSU = 1 Prozent).

In dem 88 Abgeordnete umfassenden Landtag erhielt die SPD 36, die CDU 27, die PDS/LL 13, die FDP 6 und das "Bündnis 90" ebenfalls 6 Mandate.

Das Landesparlament trat erstmals am 26.10.1990 zusammen, um sein Präsidium zu wählen (Präsident: Dr. Herbert Knoblich, SPD; Vizepräsident: Karl-Heinz Kretschmer, CDU) und seine Vorläufige Geschäftsordnung in Kraft zu setzen. Die erste Sitzung wurde mit der feierlichen Verpflichtung aller Abgeordneten eröffnet, "daß sie ihre ganze Kraft dem Wohle unseres Volkes widmen, seinen Nutzen mehren, Schaden von ihm wenden, die übernommene Pflicht und Verantwortung nach bestem Wissen und Können erfüllen und in der Gerechtigkeit gegenüber jedermann dem Frieden dienen werden".

Vorsitzender der SPD-Fraktion im Landtag wurde Wolfgang Birthler. Die CDU wählte Dr. Peter-Michael Diestel zu ihrem Fraktionsvorsitzenden. In der PDS/LL wurde Dr. Lothar Bisky, im "Bündnis 90" Günter Nooke, in der FDP Rainer Siebert in diese Funktion gewählt. Der Landtag konstituierte verschiedene Ausschüsse. Dem Hauptausschuß steht W. Birthler, dem Petitionsausschuß Uta Müller (SPD), dem Ausschuß für Haushaltskontrolle Klaus-Dieter Arlt (CDU) vor.

Im weiteren bildeten sich die Ausschüsse für Arbeit, Gesundheit, Soziales und Frauen (Dr. Peter Wagner, SPD), für Wirtschaft, Mittelstand, Technologie (Joachim Franck, SPD), für Landesentwicklung und Umweltschutz (Dr. Bernhard Gonnermann, PDS/LL), der Rechtsausschuß (Henrik Poller, "Bündnis 90"), ein Ausschuß für Haushalt und Finanzen (Manfred Walter, CDU), die Ausschüsse für Inneres (Dr. Peter-Michael Diestel, CDU), für Bildung, Jugend und Sport (Lothar Klisch, SPD), für Wissenschaft, Forschung, Kultur (Dr. Klaus-Dietrich

Krüger), für Stadtentwicklung, Wohnen, Verkehr (Dr. Martin Neumann) und für Ernährung, Landwirtschaft und Forsten (Christel Fiebiger, PDS/LL).

Der Landtag begann sofort mit der umfangreichen gesetzgeberischen Tätigkeit. Ein Abgeordnetengesetz vom 22.11.1990 regelte die Rechtsverhältnisse der Mitglieder des Landtages Brandenburg. Prinzipielle Fragen der Legislative standen zunächst im Vordergrund. Es erging ein "Gesetz zur Erarbeitung einer Verfassung für das Land Brandenburg". Ein aus dreißig Vertretern aller Landtagsparteien bestehender Verfassungsausschuß nahm seine Arbeit auf. Dem Landtag lagen inzwischen die erste und zweite Fassung eines Verfassungsentwurfs für das Land Brandenburg vor. Die Entwürfe für die demokratische Konstitution gehen vom Willen der Menschen des Landes Brandenburg aus, eingedenk der Verantwortung aller Deutschen für ihre Geschichte und deren Folgen "ein der Würde des Menschen verpflichtetes, demokratisches und solidarisches Gemeinwesen zu gestalten, dem Frieden und der Völkerverständigung zu dienen, die kulturelle, wirtschaftliche und politische Einheit Europas zu verwirklichen sowie Freiheit, Gerechtigkeit und Wohlstand für alle zu schaffen".

Der Verfassungsentwurf hat in vielem Ähnlichkeit mit der brandenburgischen Verfassung vom Februar 1947. Die Freiheit des einzelnen Bürgers ist gewährleistet, Kreisen und Gemeinden wird die Selbstverwaltung garantiert, das Land insgesamt als ein "freiheitlicher, demokratischer, sozialer und dem Schutz der natürlichen Umwelt verpflichteter Rechtsstaat" qualifiziert. Neu sind Bestimmungen z. B. über den Datenschutz, über die Pflicht, in Notsituationen Hilfe zu leisten, ein - wenngleich umstrittenes - Recht auf Arbeit und Wohnung. Der Entwurf sieht auch ein Konstruktives Mißtrauensvotum, Volksbegehren und Volksabstimmung auf Gebieten, "die der Gesetzgebung des Landes unterliegen" (also nicht über Haushalt, Steuern und Besoldungsordnung), und die Einrichtung eines Verfassungsgerichtshofes vor. Seit Herbst 1990 ist eine

Regierungskoalition aus SPD, FDP und "Bündnis 90" im Amt, die Dr. Manfred Stolpe mehrheitlich zum Ministerpräsidenten gewählt hatte. Chef der brandenburgischen Staatskanzlei wurde Dr. Jürgen Linde.

Die Landesregierung umfaßt derzeit zehn Ministerien, sieben werden von der SPD geführt (Inneres; Finanzen, Justiz und Bevollmächtigter der Landesregierung beim Bund; Wirtschaft, Mittelstand und Technologie; Arbeit, Soziales, Gesundheit und Frauen; Landwirtschaft, Ernährung und Forsten; Stadtentwicklung, Wohnen und Verkehr), zwei vom "Bündnis 90" (Bildung, Jugend, Sport; Umwelt, Naturschutz und Raumordnung) und eines (Wissenschaft, Forschung und Kultur) von der FDP.

Das Gerichts- und Verwaltungswesen des neuen Bundeslandes Brandenburg befindet sich im Aufbau. Die demokratische Umstellung von einer zentralen Staatsverwaltung (in der ehemaligen DDR) auf die Selbstverwaltung kann nur in verschiedenen Schritten vollzogen werden. Neben einem Verfassungsgerichtshof werden z. B. Verwaltungsgerichte, die in der DDR schon 1952 abgeschafft worden waren, aber für ein demokratisches Staatswesen unverzichtbar sind, eingeführt werden. Im Moment fehlt es dem brandenburgischen Rechtspflegewesen an Staatsanwälten und Richtern. Die Umstrukturierung der die rechtsprechende Gewalt ausübenden Gerichte für Arbeits-, Finanz-, Sozial-, Straf-, Verwaltungs- und Zivilrechtssachen ist im Gange. Zunächst bestehen die vor 1989 installierten Kreisgerichte weiter.

Die Einführung einer auf den demokratischen Prinzipien der Selbstverwaltung beruhenden Verwaltungsorganisation geht in Brandenburg zügig, freilich nicht ohne Reibungsverluste vonstatten. Für viele "gelernte" ehemalige DDR-Brandenburger ist der beamtete Staatsdiener, der, parteiunabhängig arbeitend, nur der Verfassung und den Gesetzen verpflichtet ist, genauso ein Novum wie unabhängig entscheidende Kommunalorgane und das neuartige Bewilligungs- und Abgabensystem, das zur

Sicherstellung der bislang nicht geschaffenen Einheitlichkeit der Lebensverhältnisse beitragen soll.

Völlig verändert hat sich das Brandenburgische Schulsystem. Das betrifft sowohl die Lehrinhalte als auch die Struktur der Bildungsstätten. War der Unterricht vor 1989 sehr stark auf die Bedürfnisse der totalitären SED-Herrschaft ausgerichtet, was freilich die Vermittlung von konkretem Wissen, von Kenntnissen und Erkenntnissen einschloß, so steht das neue Bildungswesen insgesamt vor der Aufgabe, Wissen auf der Grundlage demokratischer Verhältnisse, letztendlich im Sinne der Erziehung zur Demokratie zu vermitteln. In der ehemaligen DDR war der Grundtyp der Schule die zehnklassige allgemeinbildende Polytechnische Oberschule (POS). Eine Reihe von Kindern besuchte im Anschluß daran respektive ab der 8. Klasse der POS die zwölfklassige Erweiterte Oberschule (EOS), die faktisch ein Gymnasium darstellte.

Im Land Brandenburg ist ein Modell der alten Bundesländer eingeführt worden. Es existiert sowohl die Gesamtschule mit einer gymnasialen Oberstufe (bis zur 13. Klasse) als auch die Grundschule der Klassen 1 bis 6, an die sich die praxisorientierte Hauptschule bzw. die Realschule mit dem Abschluß der Sekundarstufe I anschließt. Die Sekundarstufe II wird auf dem Gymnasium (Klassen 10-13) erworben. Die Berufsschulen bestehen weiter. Höchste Bildungsanstalt des Bundeslandes ist die Brandenburgische Landesuniversität (bis 1990 Pädagogische Hochschule "Karl Liebknecht") in Potsdam. Eine weitere Universität im Lande Brandenburg soll in Frankfurt/Oder gegründet werden.

Etwas über die Brandenburger

Das Land Brandenburg zählte im Januar 1990 2.641.152 Bewohner, ein knappes halbes Jahr waren es 29.336 weniger. Die meisten von ihnen waren in Richtung alte Bundesländer abgewandert. Das ist verständlich und doch schade zugleich, gilt doch der Märker als ausgesprochen bodenständig und ist seine Heimat mit 91 Einwohnern je km² nicht eben dicht besiedelt. In der ehemaligen DDR betrug der Anteil der Landesbevölkerung an der Gesamtbevölkerung nur 16,1 %. Im einigen Deutschland stellen die Bewohner der Mark gar nur 3,4 % des deutschen Volkes.

Mitte 1990 wurde die Zahl der Erwerbstätigen mit insgesamt 1.320.000 ausgewiesen. Davon waren 33,4 % in der Industrie, 2,9 % im Handwerk, 6,9 % im Bauwesen und 15,3 % in der Land- und Forstwirtschaft beschäftigt. Im Verkehrswesen arbeiteten 8,0 %, im Handel 9,7 % und in anderen produzierenden Zweigen 2,5 % der Berufstätigen. Der Anteil der im nichtproduzierenden Bereich Tätigen (Staatsdienst, Verwaltungen, Parteien, Organisationen u. a. m.) wurde mit 21,2 % angegeben. Die Umstrukturierung in Wirtschaft und Sozialwesen hat indes alle Zahlen in Frage gestellt. Gewaltige Umbrüche auf dem Arbeitsmarkt lassen schon heute überholt erscheinen, was noch gestern abend als "brandneu" galt.

Im zweiten Halbjahr des Jahres 1991 lassen sich nur Trends erkennen: Die Arbeitslosigkeit steigt ständig, aber weder gleichmäßig noch sprunghaft an. Prozentual am stärksten betroffen sind Frauen, die in Brandenburg vor der Wende zu ca. 80 % berufstätig waren, sind in der Landwirtschaft Tätige, Angestellte des öffentlichen Dienstes und Arbeitnehmer in bestimmten Industriezweigen (Elektrotechnik, Metallverarbeitung, Nahrungsmittelindustrie). Eine Reihe neuer Arbeitsplätze wurden im Handwerk, mittelständischer Industrie und im Dienstleistungswesen geschaffen, was offensichtlich auf zukunftsträchtige Erwerbsgebiete und die Gestalt späterer sozialer Strukturen in Brandenburg hinweist.

Diese Trends werden durch Qualifizierungs- und Umschulungsmaßnahmen sowie mittelfristig wirkenden Arbeitsbeschaffungsmaßnahmen (ABM), freilich auch durch finanzielle Hilfen bei der Schaffung selbständiger Existenzen unterstützt. Und hier ist jede Mark gut investiert.

Die Bewohner des neuen Brandenburg gelten als fleißig und initiativ. So hat die teuer erkaufte soziale Sicherheit in der Ex-DDR, haben Subventionspolitik und nachtwächterstaatliche Bevormundung sowie die obrigkeitliche Förderung von Mittelmaß und Gleichgültigkeit viele Potenzen verschütten, aber keineswegs vollends ersticken können. Die Märker haben sich auch in vierzigjähriger SED-Herrschaft durch harte, wenngleich nicht genügend produktive Arbeit einiges geschaffen. Wochenendhäuser und Eigenheime gerade im Land zwischen Oder und Elbe (vor allem um Berlin herum) sind keine Seltenheit. Auch die Grundausstattung des normalbürgerlichen Haushaltes (Kühlschrank, Waschmaschine, Farbfernseher) ist, gemessen an den Bedingungen der jüngsten Vergangenheit, beachtenswert. An Autos freilich mangelte es - was nicht nur negative Folgen hatte. Die fehlende Demokratie und Freiheit - hier vor allem die Reisefreiheit - wogen schwerer als der Verzicht auf gehobenen Konsum oder das lange Warten auf knappe Waren. So lag vieles nicht mit der Quantität, sondern mit der Qualität der Waren und Dienstleistungen im argen. Plätze in Alters- und Pflegeheimen z. B. waren spottbillig, aber knapp und ohne Komfort.

Gut ausgestattete, preiswerte Kindergärten- und Kinderheimplätze, wie Wohnung, Heizung, Wasser und Dienstleistungen hoch subventioniert, standen relativ ausreichend zur Verfügung und gestatteten es vielen Müttern, berufstätig zu sein.

So wurde in der Regel auch in Brandenburg von sehr vielen an Ostmark mehr verdient, als ausgegeben werden konnte. Hinzu kam ein Gesundheitssystem, das dem einzelnen keine Kosten abverlangte. Auch für das überkommene Gesundheitswesen gilt, daß der Mangel zuvorderst im Bereich der Qualität lag. Im Bezirk Cottbus kam 1990 auf jeweils 460 Einwohner ein Arzt, im Bezirk Potsdam war das Verhältnis 1:450, im Bezirk Frankfurt/O. 1:489. Es bestand ein dichtes Netz von Polikliniken und Landambulatorien, in Brandenburg alles in allem ca. 240 solcher Einrichtungen. Hinzu traten noch einmal ca. 50 städtische Krankenhäuser und eine größere Anzahl von Betriebspolikliniken und Betriebsambulatorien. In den Bezirken Cottbus und Potsdam existierten zusammengenommen 736 Gemeindeschwestern-Stationen und eine beträchtliche Zahl staatlicher Arzt- und Zahnarztpraxen. Jetzt beginnen sich immer mehr Ärzte und Zahnärzte der Krankenhäuser und Polikliniken privat niederzulassen, nehmen Kredite auf und schaffen sich die eigene Existenzgrundlage. Dieser Prozeß ist längst nicht abgeschlossen, wird aber zur Qualität der ärztlichen Versorgung zunehmend beitragen. Da die Grundausstattung und die medizinischen Geräte vieler Krankenhäuser der alten brandenburgischen Bezirke überaltert, moralisch und technisch verschlissen waren, wird mit der laufenden fundamentalen Erneuerung die Kapazität- und Kostenfrage verbunden bleiben.

Für die Märker waren eine Kostenbeteiligung an Krankenhausaufenthalten, Medikamenten, Kuren, Hör- und Sehhilfen etc. etwas vollkommen Neues. Auch hier gilt es umzudenken. Trotz der schon eingetretenen beträchtlichen Preiserhöhungen im Dienstleistungssektor - die Mieten werden ab Oktober steigen - scheint der Märker, auch wenn er weniger verdient als seine Landsleute in Westdeutschland, mit der DM umgehen zu können. Der erste Autokauf-Rausch ist perdu, und jetzt sieht man schon auf Schritt und Tritt, daß auch im Stillen investiert wird. Kleine und Kleinst-Unternehmen (Würstchenbuden und Erfrischungen, Blumen, Zeitungen u. a. m.) schossen wie Pilze aus dem Boden. Sie geben der Stadtlandschaft Farbe und ergänzen Gastronomie, Supermärkte und Ladeneinrichtungen.

Vor allem bei Touristik und Fremdenverkehr wird im Lande Brandenburg so einiges zu schaffen sein, was dem Temperament und der Neigung vieler Märker durchaus entgegenzukommen scheint. Zwar gibt es ihn nicht, den Märker an sich, auch keinen märkischen Volkscharakter, der jedem "lupenrein" in die Wiege gelegt worden wäre und der nun auf dem Lebenswege unverlierbar haften bliebe.

Dennoch gibt es so etwas wie eine märkische Mentalität und Volksseele. Dem Alteingesessenen sagt man einen kühlen Verstand nach, der das Ich im Gleichgewicht hält und nach außenhin den Eindruck von Distanz erwecken würde, wenn nicht die Ratio mit Eigenschaften verbunden wäre, die ihn menschlich und sympathisch machten. Seine Gutmütigkeit zum Beispiel und seine Kontaktfreudigkeit, die selten aufdringlich wirkt. Der Kurmärker ist ein aufmerksamer Betrachter seiner Umwelt und eigentlich allem gegenüber aufgeschlossen, interessiert und verständnisvoll. Impulse, von woher auch immer, prüft er aber eher von konservativen Positionen aus, die nicht etwa mit seiner politischen Haltung identisch sind, sondern vielmehr gebildet wurden von der Kraft der Tradition und des ihm Bewahrenswerten. Er hütet sich vor überstürzten Entscheidungen und ungeprüften Veränderungen. So fällt es schon schwer, ihm Neues aufschwätzen zu wollen, wenn es Erfahrung und Bewährtem widerspricht. In diesem Falle zieht er sich nicht etwa in ein Schneckenhaus zurück, sondern läßt in breiter Ruhe und Freundlichkeit die eigene Meinung erkennen und wendet sich wieder seinem Garten zu, der in der Mark über alles geliebt wird.

Eine dezente Herzlichkeit kennen die Märker nicht nur im Verkehr mit dem Nachbarn, und der ihnen zu Recht nachgesagte Humor, die Lust am Spott, nimmt eher die Formen der freundlichen Ironie als die des verletzenden Sarkasmus an. In der Mark wird viel geschmunzelt. Eine gewisse Lebhaftigkeit des Gesprächs, Witz und Schlagfertigkeit sind ebenfalls unverkennbar, wobei der Märker - nennen wir ihn ruhig so - als eine zweibeinige Summe seiner Eigenschaften - nie laut und großmundig wird, wie es sein Sonderfall - der Berliner - zuweilen ist.

Diese sich auf den ersten Blick widersprechenden, in praxi aber durchaus zu vereinbarenden und sich harmonisierenden Eigenschaften sind vielleicht auch dem Erbe des großen Völkerschmelztiegels Mark Brandenburg verdankt: In vielen ihrer Einwohner fließt deutsches und slawisches Blut, vermengen sich Mentalitäten, Charakter und Wirken zweier großer Kulturen. Strenge mischt sich mit Frohnatur, Gewerbefleiß mit laxer Großzügigkeit, Ordnung mit ein wenig Lust auf Unordnung. Schwerlich wird es jemals nachzuweisen sein, welches historische Elternteil des Märkers den hellen Geist, Frohsinn und Ausgeglichenheit, welches den Ernst, die Zielstrebigkeit und den Fleiß in die ewige Wiege gelegt hat. Die einem blühenden Fremdenverkehr zugute kommende Gastfreundlichkeit ist wohl eher wendischer Natur. Sie paart sich mit nüchternem Geschäftskalkül und einer Erwerbsfreudigkeit, die wohl näher am Deutschen liegt. Fontane sah seinen Märker immer sehr kritisch, wenngleich liebevoll, als "Knicker", eher geizig als von übermäßiger Großzügigkeit. Die allgemeinste Zusammenfassung märkischer geschäftlicher Tüchtigkeit sah er in den Obstbauern zu Werder und Umgebung. Die allerdings seien - so urteilt er - nicht sehr fremdenfreundlich.

"Hart, zäh, fleißig, sparsam, abgeschlossen, allem Fremden und Neuen abgeneigt, das Irdische über das Überirdische setzend - das gibt zwar kein Idealbild, aber doch das Bild eines tüchtigen Stammes, und das

sind sie auch durchaus und unverändert bis diesen Tag."

Dies - auf Werder bezogen - läßt eine märkische Verallgemeinerung nicht zu, viel mehr scheint folgende Impression Typisches zu treffen:

"Gärten und Obstplantagen zu beiden Seiten; links bis zur Havel hinunter, rechts bis zu den Kuppen der Berge hinauf. Keine Spur von Unkraut; alles rein geharkt, der weiße Sand des Bodens liegt obenauf: Große Beete mit Erdbeeren und ganze Kirschbaumwälder breiten sich aus. Wo noch vor wenigen Jahren der Wind über Thymian und Hauhechel strich, da hat der Spaten die schwache Rasennarbe umgewühlt, und in wohlgerichteten Reihen neigen die Bäume ihre fruchtbeladenen Zweige."

Auch dies wird Touristen anziehen. Und sie werden den Brandenburger - so, wie er ist - schätzen lernen.

Über den Autor

Dr. Michael Lemke, Jahrgang 1944, entwickelte schon früh enge Bindungen zur Natur, zu den Menschen, Dörfern und Städten der Mark Brandenburg, die ja ursprünglich weit über die Grenzen des heutigen Bundeslandes Brandenburg hinausreichte. Der Autor, in der Nähe des Klosters Chorin aufgewachsen, übte dort in jungen Jahren zunächst einen landwirtschaftlichen Beruf aus. In dieser Zeit erschloß er sich - ganz "auf den Spuren Fontanes" - die Wälder und Seen, die Flora und Fauna seiner engeren Heimat.

Der spätere Historiker und Germanist wurde zum ausgezeichneten Kenner der brandenburgischen Geschichte sowie der zahlreichen und vielfältigen Denkmale in der Mark. Die Wiedererrichtung des Landes Brandenburg war ihm Anlaß zur Verwirklichung des lange gehegten Vorhabens, seine umfassenden Kenntnisse in dem nunmehr vorliegenden Buch niederzulegen.

Michael Lemke arbeitet als wissenschaftlicher Mitarbeiter im neugegründeten Zentrum für Zeitgeschichte, das seit kurzem - unter der Regie der Max-Planck-Gesellschaft - seine Tätigkeit in der brandenburgischen Landeshauptstadt Potsdam eröffnet hat.